U0562524

德国集体工资谈判制度

COLLECTIVE WAGES
BARGAINING MECHANISM
IN GERMANY

〔德〕沃尔夫冈·多伊普勒 著

王建斌 章晓宇 译

社会科学文献出版社
SOCIAL SCIENCES ACADEMIC PRESS (CHINA)

前　言

德国劳资谈判的主体通常为工会与雇主联合会。极少情况下，工会也与单个企业展开谈判，某些情况下企业职工委员会也起到重要作用。德国劳资谈判的法律、经济、政治框架是如何构建而成的？德国的经验能否为中国所用？

作者受弗里德里希·艾伯特基金会北京办公室委托，在李德齐教授所做详尽调查问卷的基础上完成了本书。

本书从介绍谈判双方角色入手（第一章），进而研究集体谈判的法律框架条件与劳资协议的法律效力（第二章）。第三章描

述了劳资调解与劳动斗争等劳资谈判的典型
过程。第四章阐述了劳资自治的经济与政治
作用，并基于六十多年的经验对其进行审
视。第五章介绍了企业职工委员会在劳资谈
判未涉及领域中的角色。第六章简述了缔结
跨界劳资协议的尝试。本书最后一章分析了
该工资集体协商体系中是否存在值得中国借
鉴的因素。

目录
Contents

第一章
参与者：工会、雇主联合会、企业与企业职工委员会

一 工会的构成及其法律地位

德国宪法①在第 9 条第 3 款对保障结社自由权作如下规定：

> 应保障任何人及任何职业享有保护并促进劳动与经济条件之结社权利。凡以限制或妨碍此项权利为目的之约定均属无效，为此而采取之措施均属违法。

---

① 即《基本法》，缩写为"GG"。

从字面意义上看，该条款仅保障了所谓的个体结社自由权，即个人成立社团，尤其是工会和雇主联合会的权利。联邦宪法法院的判决从《基本法》第9条第3款中推导出所谓的集体结社自由权：社团本身的存续与活动同样受宪法保护。[1] 在此有必要对两者的基本含义进行阐述。

1. 个体结社自由权

与许多其他欧洲国家的宪法不同，《基本法》第9条第3款的德文原文中并未使用"Gewerkschaft"（工会）这个词，而使用了"Koalition"（社团），这很有实际意义。因为"社团"是一个范围更广的概念，"工会"是"社团"的一个重要类型。

（1）如何组成社团？

宪法与法律都未对此进行规定，但司法

---

[1] 基于1954年联邦宪法法院的判决，参见联邦宪法法院判决第4卷，第96页（联邦宪法法院判决官方汇编）。

判决衍化出了一系列标准。①

　　●组织社团的目的必须是保护并促进劳动与经济条件。消费者协会与卡特尔不包括在内，因为它们的活动与"雇佣劳动"无关，仅涉及经济问题。

　　●必须在对方利益代表与国家面前代表社团成员的利益。因此，仅活跃于政治领域的政党并不能称为社团。

　　●社团必须基于自愿加入的基础。雇员协会或手工业同业公会等强制性社团并不属于《基本法》第9条第3款的考虑范畴。

　　●社团必须独立于对方利益代表、国家、政治党派与教会。因此被雇主收买的"黄色"工会与国家或某个政治组织控制的社团同样不属于《基本法》第9条第3款的考虑范畴。虽然允许自愿选择与某一政党主张相符的政治路线，但仍要保证意志形成的独立性。

---

　　①　参见联邦劳动法院判决，《企业》，1987，第947页。

● 社团应该跨企业存在。以前人们也接受联邦铁路与联邦邮政中存在的"企业工会"。其他大型企业中也有可能组成类似的社团。现在,社团成员来自不同企业仅能表明社团独立于雇主方。

● 雇员社团必须具有民主的组织形式。虽然司法判决并未明确指出这一前提,但没有这一点将无法实现个体有权参与决定其劳动条件这一根本诉求。

● 社团的定义中还应包括"承认现行《劳资协议法》"。① 这使得社团与其他协会相比处于劣势:谁也不会想到要求体育协会或股份公司在登记注册前先认可民法典条款对其的约束力。实践中还未产生过问题。

(2) 怎样的社团可成为工会?

要成为工会,一个社团需要满足三个额外条件。

● 雇员社团必须能够向对手施加压力。

①　参见联邦宪法法院判决,第18卷,第18、28页。

这要求社团足够"强大"。① 工会时刻准备罢工，这是其章程所规定的，也是社团实际行动的结果。

● 另外还要求社团拥有足够资源，能在劳资谈判开始前分析经济状况，提出相应的劳资要求，并监督已缔结协议的执行情况（所谓的执行能力）。②

● 要成为工会，社团还必须制定长期计划。仅以一次加薪或免除某位经理职务为目的的"单项行动"并不能使社团成为工会，即使它提出的要求可导致停工。

工会是绝对主导的社团类型。德国司法曾对一起因雇员组织不够强大、成员过少而无法向对手施压的诉讼作出判决。③ 在一些案例中，法院会因某组织从属于雇主方而判

---

① 参见联邦宪法法院判决，《企业》，1982，第321 页。

② 参见联邦劳动法院判决，《企业顾问》，2005，第 1054、1059 页。

③ 参见联邦劳动法院判决，《劳动法新刊》，2007，第 518、522 页。

决取消其工会性质。这些组织也不是法律意义上的社团。

（3）谁能加入社团？

《基本法》第9条第3款规定"任何人"与"任何职业"都享有结社自由权。毫无疑问其中不仅包括雇员与职工，也包括公务员，以及所谓的与雇员类似的人员。后者是指那些虽然可以自由组织工作，但经济上依赖一两个委托者的人。最古老的例子就是家庭手工业者。现在最典型的是广播、传媒以及许多其他领域的自由职业者。

外国雇员与德国雇员一样有权成立或加入社团。未成年也不是障碍。如果我们认为某个年轻人已经足够成熟可以独立工作，就必须保证其能够维护个人与集体的利益。现行双元制职业教育中（即在企业和职业学校中）接受培训的学徒也享有《基本法》第9条第3款规定的基本权利。由于中小学生和大学生，或者说所有还处于学习阶段的人员不具有"劳动和经济条件"，因而不享有结社自由权。在该领域遇到冲突的情况

下，他们可以援引言论与集会自由这项基本
权利。

毋庸置疑的是，当某人由于年龄原因退
休后，仍可保留其工会会员身份，即使他与
"保护并促进劳动与经济条件"已无直接利
益关系。这尤其适用于失业者。与退休人员
相反，他们的利益直接由工会代表：如果谈
判双方达成一致，决定通过缩短工作时间或
采取经济刺激措施鼓励企业雇用长期失业
者，将给他们带来更多就业机会。因此失业
者也必须有权加入工会。

2. 集体结社自由权

如果组织本身不具备一定的权力，那么
成立工会的权利就没有什么意义。因此司法
判决当然也考虑到，必须在实践中维护基本
权利的效力。同时判决还指出了历史发展的
趋势，《基本法》不愿倒退至 1919 年《魏
玛宪法》，虽然后者也保护了社团的存续与
活动。①

---

① 参见联邦宪法法院判决第 4 卷，第 96 页。

（1）保护社团存续

从《基本法》第9条第3款也保护社团"存续"这一论断中，能推导出一系列重要的实用性结论。

● 社团无须国家许可便可成立。强制解散社团的唯一前提是《基本法》第9条第2款（违反刑法、宪法制度或国际谅解之思想），并且必须基于法院判决，而非行政措施。[①]

● 除有权存在以外，社团还有权按其自身意志规范内部关系，即享有自治权。因此禁止国家出台"工会章程"，超出第9条第3款规定的范围来限制其会员的决定空间。例如不允许通过法律规定工会主席必须由会员，而不是（目前普遍的）由工会代表大会选举产生。

● 社团自主形成内部意志的权利不受雇主影响。因此个人有权在工会内部领域做出（在公开场合发表）违反劳动合同规定义务

----

① 参见《社团法》第16条。

的言论。否则将会从根本上撼动社团独立性，导致其无法维护并促进雇员利益，却必须"以雇主意志"为导向。例如会计可以向工会组织汇报流向瑞士的所有资本转移情况，以显示企业经济状况的有利方面，使工会提出工资要求的理由更加充分。最近司法判决认定，劳动合同中禁止雇员与同事讨论工资数额的条款违背了《基本法》第 9 条第 3 款规定的基本权利，因为其妨碍了维护雇员共同利益。①

● 国家不能通过成立承担类似任务的竞争组织威胁社团的存续。虽然不莱梅与萨尔州成立的雇员协会在实践中与《基本法》第 9 条第 3 款协调一致，但联邦宪法法院曾表明，如在其他州也成立该组织，将会逾越宪法允许的界限。②

● 出于自我生存与提高工作能力的目

---

① 梅克伦堡前波莫瑞州劳动法院判决，《劳动与权利》，2010，第 343 页与司法数据库。

② 联邦宪法法院判决，第 38 卷，第 281、309 页。

的，社团有权征募新成员，并对现有成员负责。① 因此社团有权进入企业进行宣传。② 联邦宪法法院将在企业中分发传单、张贴海报明确纳入《基本法》第9条第3款的保护范围。③ 例如，只要宣传对象还在继续工作，只要不严重影响工作进程就可以继续宣传。④ 工会有权向包括非会员在内的企业职工的工作邮箱发送邮件。但这并不会过分限制雇主的基本权利。⑤ 另外，还允许工会信赖的人员使用工作电脑向同事发送含有工会内容的邮件。⑥

---

① 联邦宪法法院判决，第28卷，第295、304页。

② 联邦劳动法院判决，《劳动法新刊》，2006，第798页。

③ 联邦宪法法院判决，第93卷，第352页。

④ 联邦宪法法院判决，第93卷，第352页。

⑤ 联邦劳动法院判决，《劳动法新刊》，2009，第615页。

⑥ 黑森州劳动法院判决，《劳动与权利》，2011，第129页。

● 雇主不能通过歧视社团成员或其组织影响社团的存续。例如若工会会员工资低于其他雇员，或得不到晋升机会，将会违反《基本法》第 9 条第 3 款。该条款第 2 句中禁止对于从事工会活动的人员予以歧视。

● 最后，保护社团存续还包括社团有权独立向法院提起诉讼，① 并在竞争对手采取不正当宣传手段时进行自我保护。②

（2）社团活动权

集体结社权最重要的特征是开展"特定社团活动的权利"。具体指五个领域的活动：

● 工会有权"联合制定工资与劳动条件"（联邦宪法法院如此表述），尤其是缔结劳资协议。③ 《劳资协议法》与司法判决

---

① 联邦法院官方文集，第 50 卷，第 325、329 页。

② 联邦劳动法院判决，《劳动法实践》，《基本法》第 9 条，第 49 号。

③ 联邦宪法法院判决，第 4 卷，第 96、106 页。

对该领域活动进行了详细安排。后文将对此进行深入阐述。

• 为贯彻集体协议的最低工作条件，工会可以采取劳动斗争，尤其是组织罢工。[1]《基本法》第 9 条第 3 款第 3 句明确规定了这一点，从原则上维护了紧急状况下的劳动斗争权。下文也将对此进行深入阐述。

• 在企业组织法与职工代表组织的框架内，社团可以自由开展活动。[2] 禁止社团完全脱离企业职工利益代表组织。至于具体采取哪些措施，也将在后文中进行介绍。

• 社团有权参与企业共决制度。禁止为了抵制工会影响剥夺其参与权。

• 社团还有权在国家与政党面前代表其内部各群体利益。[3] 例如允许为反对警察裁员进行公开征集签名。但人们不能在警察局放置签名名单，因为公民会以为，未参与签

---

① 联邦宪法法院判决，第 84 卷，第 21、224 页。

② 联邦宪法法院判决，第 19 卷，第 303、313 页。

③ 联邦宪法法院判决，第 28 卷，第 295、305 页。

名者将被歧视。[1]

● 按照联邦宪法法院的理解，上述权利都受《基本法》第 9 条第 3 款保护。除宣传与获取信息权以外，上述权利仅针对工会，而非其他社团。只有在保护更高级法益时，立法者与司法判决才能限制这些权利。因此，医生罢工不能损害患者健康甚至导致其死亡。工会宣传活动也不能强度过大，导致停工时间长达一小时。[2] 倘若这样，这就演化成一种罢工活动，而罢工只有在特定条件下才被视为合法。在限制活动自由权的同时，必须保证其"核心领域"不受限制，[3]但领域该如何定义却并不明晰。

3. 现有工会

"二战"后，联邦德国在行业层面上成

<hr>

① 联邦劳动法院判决，《劳动法新刊》，2005，第 592 页。

② 德国法律规定停工时间到一小时即为罢工，所以以一小时为限。——译者注

③ 联邦宪法法院判决，第 93 卷，第 352 页。

立了工会。与中国不同的是，德国并无企业工会。金属加工企业的员工可以加入五金工会，教师可成为教育与科学工会的会员。同时制定了"一家企业相对于一个工会"的基本原则，每个企业隶属于一个行业，如果对某一企业的行业归属存疑，各工会会进行裁决，其结果对所有会员具有约束力。

行业工会共同组成了一个"总会"，即德国工会联合会。该联合会成立之初包括16个会员组织，也被称为分会。之后各工会间逐渐联合，形成了"跨行业工会"。如化工行业工会与矿山行业工会合并组成了今天的矿山/化工/能源工会，纺织/服装工会与木材/合成材料工会组成了五金行业工会的一部分。今天，德国工会联合会共有8个工会。2010年，各工会会员人数如下（包括退休人员）：

五金行业工会	2239588
服务业联合工会	2094455
矿山/化工/能源工会	675606

续表

建筑/农业/环境工会	314568
教育与科学工会	260297
铁路与交通工会	232485
食品和餐饮业工会	205646
警察工会	170607

各工会总计共有 6193252 名工会会员。[①] 与总数为 3600 万的企业职工相比，工会组织率为 17.2%（未考虑工会会员中还包括未记入企业职工总数的退休者）。

"一家企业相对应于一个工会"的思想从一开始并未得到完全贯彻。

公务员不仅是德国工会联合会下属工会的会员，也是德国公职人员联盟的成员，目前该联盟也吸纳雇员作为会员，共有 125 万

---

① 德国工业联合会公布数据，参见 www.dgb. de/uber-uns/dgb-heute/mitgliederzahlen/2010。

名成员，其中包括 90 万名公务员。①

许多职员加入了德国职员工会，2001年，该工会与德国工会联合会下属的 4 个工会（公共服务/运输/交通工会、德国邮政工会、贸易/银行/保险工会与媒体工会）组成了服务业联合工会。

除德国工业联合会与德国公职人员联盟外，还成立了"德国基督教工会联盟"。该联盟下有众多分会，据其内部统计，会员人数约为 280000 人。其最重要的分会是五金行业基督教工会与德国商业雇员联合会。各分会的工会性质颇具争议，因为目前还不确定分会是否足够"强大"，或是否受雇主方资助，因此不满足独立性要求。

近十年来，越来越多所谓的专业工会涌现，其典型特征是代表特定专业人才群体，因为德国工会联合会下属工会的劳资政策中极少照顾到这些群体的利益。其中一部分是

---

① 参见赫罗玛德卡（Hromadka），《劳资初级课本》，第 5 版，柏林，2011，第 32 页。

成立时间较长、之前委托德国工会联合会下属工会（或较早以前的德国职员工会）维护其劳资政策利益的组织，现在开始执行自己制定的政策。其中最重要的是五个从罢工中成长出来的组织：

　●1867 年成立的德国火车司机工会，总计拥有约 34000 名会员，2007 年缔结了第一份独立的劳资协议。

　●1957 年成立的德国雇佣医生与公职医生马堡联盟，总计拥有约 110000 名成员，2006 年首次缔结了第一份独立劳资协议；

　●1969 年成立的联合飞行员的"驾驶舱联盟"，总计拥有超过 8000 名成员，2001 年缔结了第一份劳资协议；

　●1992 年成立的联合空中乘务员的独立空乘组织，总计拥有超过 8000 名成员，2002 年缔结了第一份劳资协议；

　●2004 年成立的空中交通管制工会，由两个职业联合会组成，总计拥有约 3700 名会员，成立之初便缔结了劳资协议。

　上述各种工会形式表明，工会呈多元化

存在。虽然德国工会联合会下属工会数量众多，实力远远强于其他所有工会的实力总和，但在与雇主方产生的实际冲突中，专业工会起到了重要作用，对雇主施加了巨大压力。

工会会员人数在不断变化，特别是德国工会联合会下属工会会员人数持续下降。深入分析会员人数回落及专业工会壮大原因的前提是对劳资政策成果进行阐述，这是工会会员及其支持者评价一个工会的重要标准。

二 雇主联合会的组成与法律地位

雇主能以与雇员同样的方式援引《基本法》第 9 条第 3 款的结社自由权，成立组织。该组织必须满足社团的普遍要求（参见第一章第一节第一点），例如必须基于自愿加入的原则，并独立于对立面（即工会）与国家。但其必须以成员利益为导向，并持续开展活动。"强大"与"工作能力"等要求是不言而喻的，因为根据《劳资协议法》第 2 条的法律规定，单个雇主也有权缔结劳资协议，联合后更拥有该权利。[1]　其特殊之处在于，法律允许根据各雇主成员雇用的雇员人数决定其投票权。

雇主协会的存续与活动自由权也同样受到保护，其尤其享有缔结劳资协议的权利。至今为止还未就此产生过法律问题与争议。

与德国工会联合会下属的工会类似，雇主协会也是按照行业组织的。[2]　通常，联邦州层面上成立的"州立协会"（例如五金行业或化工业）在联邦层面上共同组成"专业总会"（例如五金行业总会、化工业联邦雇主协会）。在大型行业或联邦州中，还可能在各州立协会与单个企业之间增加一个层

---

[1]　联邦劳动法院判决，《劳动法实践》，第 40号，关于《劳资协议法》第 2 条的判决。联邦劳动法院判决，《劳动法实践》，第 162号，关于《基本法》第 9 条劳动斗争的判决证实了这一论断。

[2]　此处与下文参见赫罗玛德卡（Hromadka），《劳资初级课本》，第 5 版，柏林，2011，第40 页。

面，成立地区性专业协会。

在各州层面上，专业协会共同组成"州立联合会"，这些联合会和专业总会联合组成德国雇主协会联合会。

雇主协会通常不会像雇员工会一样在各行业内继续划分。由于各行业中存在许多工会，各工会都会提出劳资要求，通常由一个雇主协会负责与不同的雇员工会展开谈判。

雇主协会的活动领域受人力投入以及与之相关的条件所限。企业个体或行业利益由工业协会代表，后者联合组成"德国工业联合会"。法律允许将两者功能合并，但这并不符合德国实践。

鉴于各企业规模不同，各雇主协会的会员人数并无明显说服力。在工业、银行业与保险业中，有 75% 的雇员工作在已加入雇主协会的公司中。在其他服务行业与手工业中，这一数字要低很多。①

①　参见赫罗玛德卡（Hromadka），《劳资初级课本》，第 41 页。

三 企业职工委员会制度作为补充

许多国家（例如美国、英国、瑞典）仅成立了工会利益代表组织。其他国家，例如法国与西班牙除工会之外，还成立了企业职工利益代表组织，该组织由所有职工，而不仅仅由工会会员选举产生。这一双轨体制分为两种类型：一种如上述国家一样，企业职工利益代表组织仅享有意见听取权与建议权，所有核心问题最后还是必须通过与工会谈判解决。另一种类型是企业职工利益代表组织享有独立谈判权，在某些冲突中是唯一谈判对象。实行第二种体制的国家包括德国（奥地利、斯洛文尼亚部分实行该体制）。

企业职工委员会由所有职工通过相关程序选举产生，笔者已在其他文章中介绍过该程序。[①] 除意见听取与建议权之外，企业职

---

① 参见多伊普勒（Däubler），《德国官员权益的维护》，北京，2009，第 33 页（第 3 章）。

工委员会还享有所谓共决权。该权利针对的是《企业组织法》中列举的某些特定领域，例如加班、工作时间或使用摄像头等技术手段监督雇员。双方必须在这些问题上达成一致。雇主（甚至企业职工委员会——几乎未出现过的情况）单独采取的行动无法律效力。在企业职工委员未同意之前，没有人必须加班。谈判未达成结果时，由双方派出同等数量代表及一名中立主席组成的调解委员会作出最终决定。[①] 与劳资谈判不同的是，双方不会考虑进行劳动斗争。

从理论上说，可以在劳资协议中规定所有企业职工委员会有权共同决定的问题。该协议优先于企业内部的协议。实践中，劳资双方从未能在达成的协议中规定该领域的所有问题。因此，大量冲突实际上是在企业层面上，在工会未直接干预的情况下得以解决的。工会与企业职工委员会间存在任务划分：

---

① 细节参见多伊普勒（Däubler），《德国官员权益的维护》，第三章第七节第二点。

雇主支付的"报酬"方面最重要的问题，尤其是工资与劳动时间，由劳资协议规定。与此相对的是，企业职工委员会与雇主等企业内部成员负责决定工作方式与其具体评估。在下文①详细介绍劳资谈判时，笔者将对该分工在工资方面的具体意义进行阐述。

四 初步评价

上述状况是德国长期历史发展的成果，其实际始于"一战"后，1945 年后继续发展。这里介绍的工会与企业职工利益代表组织并行的双轨体制较早形成于 1919 年，那年颁布的魏玛宪法同时认可了工会与企业职工委员会的存在。该体制深植于职工意识之中，虽然在过去 20 年中，他们参与工会工作的热情明显减弱，具体原因还有待分析。德国法律的特殊之处，正是同时存在能够通过罢工结束的劳资谈判，以及由调解委员会

---

① 参见本书第六章。

作决定实行强制调解的共同决定制度。通过
这种制度，在劳动生活中可能产生的所有冲
突中，一部分对日常生活非常重要的冲突被
剥离出来，并避免了通过劳动斗争做出决定
这一方式。

第二章
工会与雇主在集体确定
工资中的法律空间

一 劳资自治：缔结最低劳动
条件的权利

1. 基本框架

《基本法》第 9 条第 3 款赋予工会与雇主方缔结集体协议的权利，该协议在德国被称为"劳资协议"。协议对象涉及劳动与经济条件的所有方面，但其中受争议的部分领域并不是重点：按照普遍观点，报酬，即雇主支付的工资是劳资双方间缔结协议的重点对象。

2. 自主确定工资数额

具体向哪些劳动支付何种报酬，由工会、雇主及雇主协会决定。劳资谈判各方仅须遵循宪法及强制性法律。人们相信资本与劳动间的对立关系会产生一个与公共利益相一致的经济结果，因此人们将其称为"劳资自治权"。

德国法律中未规定最低工资。如果德国与许多其他欧盟成员国及美国一样也作此规定，劳资谈判各方则必须遵循这一规定，并且肯定不能确定比其更低的工资数额。替代这一规定的解决方案是确定一个原则，即劳资协议中不允许缔结违反道德的低额工资（人们称之为"饥饿工资"）。就何为低于最低限额的问题，人们展开了激烈讨论。[①] 但迄今为止还没有劳资协议因为这一原因被宣布无效。

德国法律也未规定法律"指导工资"。

① 详见多伊普勒（Däubler），《劳动法二》，第12版，赖因贝克，2009，第810页。

虽然 20 世纪 70 年代，政府曾在所谓的"协同行动"中建议提高工资水平，但这仅仅是"建议"，并不具有约束力，往往也不被遵守。1998～2002 年间，所谓的劳动与竞争力同盟也进行了类似尝试，但也未规定法律义务。但这不排除进行非正式约定，这就解释了 2000～2010 年间工资为何呈负增长趋势。[①]

3. 强制性法律作为限制

最重要的法律限制是公平原则，尤其是禁止因为某些特征歧视某个职工群体。例如规定妇女比男人待遇差的劳资协议是无效的。又如，规定在同等或类似工作中，妇女获得的报酬较低。同时还考虑到间接性别歧视，如规定非全职工作的小时工资低于全职工作，而德国从事非全职工作的雇员中约90% 为妇女。德国法律也禁止劳资协议中规定外国公民获得的报酬低于德国公民。

同时还应遵循法律与条例中规定的强制

---

① 参见本文第四章第三个问题第四点。

性最低标准：如不能违反劳动健康保护准则
（《健康保护法》）与 4 周法定休假的规定。
另外，又存在所谓的劳资规范性标准：该标
准原则上适用于所有雇员。虽然劳动合同不
能偏离这一标准，但劳资协议可与其不一
致。例如在特定条件下，劳资协议可以持续
延长《劳动时间法》规定的 48 小时工作
周，而无须事后弥补。[1]

4. 岗位评估

原则上，可自由决定的工资数额与某一
特定工作相关。通常借助抽象特征确定各工
作的范围。在此过程中，劳资谈判各方使用
特定评估标准，各行业的标准各不相同。

对不同工作内容的描述可在所谓的级差
表（也被称作"工资等级"或"报酬等
级"）中找到。该目录通常也属于独立劳资
协议的内容，协议中考虑的主要因素有：

- 工作岗位对雇员提出的要求。复杂工
作的等级高于简单工作，高强度工作的等级

---

[1] 参见《劳动时间法》第 7 条第 2a 款。

高于低强度工作。相对独立的拥有较高经济
价值的雇员获得的报酬高于仅须按照具体指
令进行程序化工作的雇员。

● 雇员所必须拥有的技能。某些工作要
求雇员具有工程师学历，有些工作甚至要求
持有技能资格证书，如大型货车的驾驶员必
须持有相应的驾照。

● 职业经验。已长期从事某一特定工种
的雇员对待工作应该比新手更加谨慎。与之
类似的是以入职时间为标准。将报酬与年龄
挂钩的做法越来越遭到质疑，因为这是一种
（对年轻人的）年龄歧视。

上述因素以及其他因素对岗位评估起决
定性作用。不同工作对应的是特定的、劳资
标准中确定的"基本报酬"，该基本报酬占
工资的绝大部分。

雇员在工作中的表现通常不列入岗位评
估的考虑范围，而是通过补贴或奖金（或提
升）的方式对其进行评价。劳资协议经常，
但并非每次都对此进行规定。例如规定向工
作表现特别好的雇员支付"绩效奖金"。但

通常存在一个问题，即只有在一部分情况下可以对工作进行量化评估。劳动条件极其艰苦的雇员可获得"额外津贴"（如长期从事弯腰或仰头的工作）。服务业中逐渐流行所谓的目标管理协议，即与人事部门的领导或职员协商制定 2~4 个当年应该实现的目标。例如销售人员应该将销售额提高 5%，并更新网络宣传方式。实现这些目标后，相关人员将得到奖金，例如一个月的薪水。劳资协议极少提到这种形式的协议，但企业职工委员会对此享有共决权。红利与特别津贴也是一种重要形式，这与公司业绩息息相关。业绩良好时，红利数额可能是一个月薪水或更多。但单个雇员无法通过个人表现明显影响红利的数额，劳资协议也很少提到这一点。在这个问题上企业始终占主导地位。

以上仅是对常见现象的一些举例说明。劳资协议种类极其繁多，也可能出现文中未提到的一些规定。劳资谈判各方有权按其意愿重新构建薪酬体系（岗位评估遵循何种标准？），并对其进行创新。

二　在哪一层面上展开谈判?

工会与雇主间的谈判可以在多个层面上进行。

首先，工会的谈判对象可以是某个企业，该企业按照《劳资协议法》第 2 条规定不受其职工人数多少影响可缔结劳资协议，即具有"劳资谈判权"。谈判内容可针对整个企业，也可只针对企业的一部分。后一种情况是指企业并购了一个至今为止实行完全不同工资制度的"经济单位"。所有这些情况中达成的协议被称为"公司劳资协议"或"企业劳资协议"。

其次，工会的谈判对象可以是相关行业的雇主协会。此时雇主协会可缔结一份对所有会员有效的劳资协议，被称为"地区性劳资协议或协会劳资协议"。该协议在空间上可仅适用于某一特定地区（"巴登－符腾堡州五金行业"），也可适用于整个联邦地区（"联邦德国境内所有印刷业"）。协会也有可能仅为某个会员缔结一份劳资协议（所谓的与公司相关的协会劳资协议）。另外，司法判决还允许单个企业虽然保留雇主协会会籍，但按其自身意愿不被列入该协会缔结的劳资协议的适用范围。[1] 这种所谓的非劳资会员是工会面临的一个复杂问题，因为面对这种会员，工会只有缔结一份企业劳资协议的可能。

另外，总会（如德国工会联合会与德国雇主协会联合会）也有可能缔结一份对其下属所有组织有效的劳资协议。法律允许这种可能性的存在，但前提是总会章程赋予其这一权限或下属分会给予"总会"相应授权。但这两种情况都很少发生在德国雇员这一方，这与法国、意大利和西班牙不同，至今还未听说过类似情况。

在实践中，地区性劳资协议是最主要的劳资形式。最近一次调查显示，这类劳资协

---

[1] 联邦劳动法院判决，《劳动法实践》，第 19 号与 20 号，针对《劳资协议法》第 2 条劳资权限。

议涉及了 52% 的雇员。[①] 它的最大优势是使所有参与企业避免了在固定工资与劳动条件方面进行竞争：没有一家参与企业能够通过向其职工支付较低工资而获得竞争优势。另外，该协议也有利于雇员一方，即强势群体能为弱势群体争取利益：如果工会在一些企业中的地位稳固，有能力组织罢工，这对那些处境较差的职工也同样有益。许多企业认识到了这一点，并试图通过退出协会或"逃"至非劳资会员身份来避免这种情况。公司劳资协议涉及了约 6% 的雇员。[②]

三　劳资协议的效力

1. 规范性部分与义务性部分

按照《劳资协议法》第 1 条第 1 款的表述，劳资协议规范"协议各方的权利与义务，

---

① 详情参见比斯品克（Bispinck）、舒尔滕（Schulten），《共决权手册》，第 7 册与第 8 册，2011，第 27 页。

② 参见上一注释。

并制定了调整劳动关系内容，缔结、结束劳动关系，企业问题，企业组织问题的法律规范"。法律本身已在此处对规范内容进行了基本分类：

• 一方面劳资协议规定了劳资谈判双方（即工会一方与单个企业或雇主协会一方）的权利与义务。例如协议规定，当各方对劳资协议某一确切内容意见不一致时，应坐在一起，尝试达成一致，或规定了应该如何对待不遵守劳资协议的会员。这一类的条款被称为义务性部分或"债权协议"部分。

• 另一方面，劳资协议包括按照法律条文形式抽象表述的规定，该规定适用于所有协议涉及的劳动关系。例如规定：

"从 2012 年 1 月 1 日起，第 5 工资等级的工资从 9.82 欧元增加 3.2 个百分点，增至 10.13 欧元。"①

---

① 欧元数值符合德国的普遍情况，若换算为人民币会导致误解，因为购买力与汇率并不相符。例如在德国大城市中租一套带暖气的三居室每月至少要支付 800 欧元。

该形式的规定构成了劳资协议的基本内容，被称为"规范性部分"。

2. 决定性因素：法律约束力与有益原则

劳资协议中的法律规定"直接"适用于受劳资约束的双方会员。普遍观点认为，该规定意味着劳资协议以与法律相同的方式调整劳动关系，无须制定特别的"适用协议"或指出适用范围。

即使签署劳动合同时未提及工资数额，雇员也能要求获得劳资协议工资。

除此之外，《劳资协议法》第4条第1款还规定，劳资标准不仅具有直接效力，还具有强制性效力：签署劳动合同的双方，即单个雇主与单个雇员不能为损害雇员利益而偏离劳资协议中的标准。这一"最低水平保障"是劳资协议对雇员的真正价值所在：禁止雇主利用其对单个雇员的优势，强迫其接受低于标准的劳动条件。

另外，在标准之上"上浮"是被允许的。《劳资协议法》第4条第3款明确允许协定更多工资、假期、社会福利与更短工作时间，因为这里适用的是有益原则。劳资标准的直接效力与强制性效力通常被总括为"法律约束力"。

3. 劳资协议的约束对象

（1）原则

《劳资协议法》第4条第1款规定，劳资协议对劳动关系内容与工资的规定仅适用于"受劳资约束的双方会员"。这是什么意思？意即若雇主属于缔结劳资协议的雇主协会，雇员属于缔结劳资协议的工会，那么劳资协议才对该劳动关系产生直接与强制性效力，

例如：五金行业工会与巴登－符腾堡州五金行业雇主协会缔结了一份劳资协议。雇员甲属于五金行业工会会员，其雇主属于雇主协会会员：劳资约束力产生。如果虽然雇主属于协会会员，但雇员不属于该行业（或另一行业）工会会员，情况就完全不同。在不属于雇主协会会员的企业工作的工会会员就不走运了：对他们来说，劳资协议也只是一纸空文。

这种对"劳资约束力"的定义非常狭隘。其他欧洲国家在这方面选择的道路完全

不同。例如在法国，只要雇主属于协会会员，劳资协议就对其所有职工具有约束力。在西班牙，某些特定的劳资协议甚至自动对该行业中所有雇主与雇员具有约束力，只要该劳动关系是按照雇员章程缔结而成的。①

（2）实际扩展至非会员

然而，不同做法的实际差距远小于人们的初步判断。若雇主属于缔结劳资协议的雇主协会，他与非工会会员的职工签署的劳动合同将包含所谓的参考条款，即规定劳资协议对其也具有约束力。这么做是出于一个相对简单的考虑，即虽然法律允许向非工会会员支付低于劳资标准的工资，但这将导致其强烈希望加入工会：许多职工将加入工会，从而享受劳资协议的益处。雇主对此并无兴趣，因此他愿意将劳资协议的适用范围扩展到所有职工。

若雇主本身不是协会会员，一切便取决

---

① 更多其他欧盟国家的例子参见雷普汉（Rebhahn），《劳动法》，2002，第214页。

于个别具体情况。若工会要求缔结公司劳资协议，至少一部分职工也会愿意为此参加罢工，那么雇主也许更会自愿加入地区性劳资协议。如果低于劳资标准的报酬将导致重要雇员，尤其是所谓的企业骨干职工流向竞争企业，雇主也会作出相同反应。

（3）无劳资协议时产生的问题

在特定情况下，企业将劳资协议弃置一边，制定自己独立的"工资制度"。这当然导致较高的谈判损耗，因为企业职工委员会享有共决权，并且岗位评估这一问题非常复杂。因此多数情况下只是不（再）实施劳资协议中的一小部分内容。例如在同等条件下制定较低的新入职员工工资。但多数企业会承诺向表现上乘者支付奖金，员工获得该奖金后，工资水平又回到劳资标准之上。

（4）解决方案：普遍约束力声明

经济不景气、失业率较高时，情况会发生改变：非会员也许会接受低于劳资标准的工资，但之后不会加入工会；不是协会会员的企业不愿看到职工罢工与骨干职工的流失。《劳资协议法》第 5 条规定，在这些情况下可声明劳资协议具有"普遍约束力"。该声明由劳动部长决定，但前提是所谓的劳资委员会已批准该声明。劳资委员会由资方与劳方分别派出的 3 名代表组成。批准声明的前提是雇主方至少有一名代表也支持这种行动。作出具有普遍约束力声明之后，是否属于组织成员就不再重要：劳资协议同样适用于非协会会员的雇主与非相关行业工会会员的雇员。但很少使用普遍约束力声明这一手段，尤其很少用于制定劳资标准的协议。

　　与此相反的是，普遍约束力声明在所谓的建筑业社会保险机构中非常重要。该行业存在很多短期雇佣关系，从而导致许多权利无法产生。例如工作六个月后才能享有休假权，工作五年之后才能享有企业（补充）养老保险。除此之外，建筑行业通常为圣诞节至新年期间的工时支付工资，即使在此期间的工作效率并不高。虽然雇员在此期间仅偶尔工作，但仍要求雇主继续支付薪水，加重雇主负担，这对其是不公平的。因此，近几十年来成立了假期津贴、补充养老金与工资补偿机构，这些机构由建筑业的所有雇主提供资金，并在个案中支付假期工资、附加养老金与圣诞节至新年期间的酬金。该体系顺利运转的前提是所有企业真正参与其中，并提供资金，因此近几十年来该行业相应的劳资协议始终具有普遍约束力。

4.《雇员派遣法》的特殊规定

当外国公司职工收入远远低于德国国内工资水平时，会导致严重问题。来自其他欧盟国家、部分来自第三世界国家的这些"廉价雇员"主要集中于建筑行业。[①] 如果

---

① 希克（Hickl），《劳动法新刊》，1997，第513页。1996年，德国建筑工地上外国雇员人数估算为20万，同时有19万德国建筑工人失业。更多数据参见达因勒特（Deinert）《劳动法》，1996，第339页，注释2；霍尔德（Hold）《劳动与劳动法》，1996，第113页。只能估计工地上非法工人的人数。参见阿斯霍夫（Asshoff）《经济与社会科学研究所报告》，2004，第629页。

劳动成本按照惯例为建筑成本的一半左右,[①] 一家外国供应商可以通过向其职工支付德国普通报酬的一半工资,使其报价比德国低25%。[②] 实际上,尤其是东欧国家的雇员工资通常仅为德国水平的10%左右(或更低)。[③] 大型企业可以通过在国外建立分公司,并同样雇用廉价劳动力的方式,抵御这种"社会倾销"的威胁。中小型企业通常无法实施该规避战略,因而面临经济灾难的威胁。[④] 这两种情况对德国职工的影响相同:如果其雇主利用了低价竞争方式,他们

[①] 科尔曼－斯必若克(Kehrmann－Spirolke),《企业中的劳动法》,1995,第621页。

[②] 韦伯斯(Webers),《企业》,1996,第574页。

[③] 拉基斯(Lakies),载多伊普勒(Däubler)(主编)《论劳资协议法》,第2版,巴登－巴登,2006,《雇员派遣法》第1条,注释12。

[④] 希克(Hickl),《劳动法新刊》,1997,第514页。

将失去工作；如果其雇主迫于外国供应商的竞争压力降低报价，他们也将失去工作。

为限制这种情况的发生，德国颁布了所谓的《雇员派遣法》。[1] 该法律目前仅针对建筑业与德国港口的拖船业，并作如下规定：

● 规定了包括加班报酬在内的"最低报酬"与休假期间的劳资标准、休假报酬与额外休假津贴的适用范围扩展至派遣到德国的劳动力。其前提是已声明相关劳资协议具有普遍约束力，[2] 以使劳资协议具有《民法典实施法》第 34 条意义上的"强制法"性质。即使雇员根据外国法律从事职业劳动，劳资协议也同样适用。[3]

● 普遍约束力声明不仅可以通过《劳

---

① 1996 年 2 月 26 日，《民法典一》，后于 2009 年 4 月 20 日法律修改（《民法典一》第 1 部，799 页）。

② 参见《雇员派遣法》第 1 条第 1 款。

③ 联邦劳动法院判决，《劳动法新刊》，2003，第 1424 页。指导原则为《劳动法》，2004，第 175 页，施拉赫特（Schlachter）作批判注释。

资协议法》第 5 条规定的程序（在该程序中，雇主方因在劳资委员会中占据同等代表席位而具有否决权）作出，更可通过劳动社会保障部部长出台法规的方式作出，这符合《基本法》的精神。[①]

- 该法律适用于外国企业职工与派遣劳动力。

- 劳动管理部门与海关总署依据《雇员派遣法》第 16 条等具体规定，监督最低劳动条件的执行情况。违反该条件将被视为违规行为进而受到处罚。处罚不仅针对外国分包商，也针对其德国发包人，因此这一制裁非常重要，没有这一规定，派遣至德国的外国劳动力就无法依法行使个人权利。[②]

---

① 联邦宪法法院判决，《劳动法新刊》，2000，第 948 页。亦参见联邦劳动法院判决，《劳动法新刊》，2003，第 275 页。

② 困难参见达因勒特（Deinert）《劳动法》，1995，第 351 页；多伊普勒（Däubler）《企业》，1995，第 729 页（考虑赋予官方部门与/或工会申述权）。

● 《雇员派遣法》第 14 条规定，每个委托其他厂商提供建筑劳务的企业，负责保障法律规定的雇员权利。

在提供劳务框架内，德国的规定与欧洲共同体的劳工派遣准则相一致。[1] 两者都以欧共体法律规定的劳务自由权为准则，不允许制定不公平尤其是歧视外国供应商的规定。欧洲法院始终遵循其司法判决，即成员国有权将其社会保障最低标准的适用范围扩展至国内从事商业活动的外国企业。[2] 这一判决是基于社会

---

[1] 欧洲议会与欧洲理事会 1996 年 12 月 16 日颁布的 96/71/EG 号指令。1997 年 1 月 24 日，第 L. 18/1 号。

[2] 欧洲法院判决，《新法学周刊》，1982，1935 – Seco 案。欧洲法院判决，《欧洲经济法杂志》，1990，257 – Rush Portuguesa 案。欧洲法院判决，《欧洲经济法杂志》，1994，600 – Vander Elst 案（其中在注释 23 中提到了"独立判决"）。欧洲法院判决，《欧洲经济法杂志》，1996，400 – Guiot 案。

成本竞争不等于效率竞争的思想：《欧盟工作方式协定》第 15 1 条①（迄今为止：《欧共体协定》第 136 条第 1 款）规定，"改善生活与劳动条件"是重要目标之一，大量提供廉价劳动力恰好无法实现这一目标。虽然充分利用不同工资成本并不违背竞争原则。② 但欧盟并未制定统一原则来维护社会成本作为竞争要素的地位。社会成本随时都可能被排除在竞争之外。

其间，该规定扩展至其他不同行业。《雇员派遣法》第 4 条规定，适用范围包括垃圾处理业、屋顶修缮业、电器修理业、保洁业、油漆粉刷业、护理业、洗衣业与培训业。2011 年，《雇员派遣法》重新修订，将派遣雇员也纳入适用范围。

上述所有情况中，并未将劳资协议的全

---

① 参见《欧盟工作方式协定》。
② 艾希恩霍夫（Eichenhofer），《国际劳动与社会法杂志》，1996，第 63 页。

部内容应用于包括外国劳动力在内的所有劳动力，通常只执行劳资协议中对最低工资、休假与共同保险金（《雇员派遣法》第5条）的规定。除此之外，《雇员派遣法》第2条还对健康保护、反歧视权等内容作出一系列规定，这些规定都适用于外国派遣至德国的雇员。

四　劳资协议生效后在企业中的实施

劳资协议的执行情况是影响单个雇主成本的重要因素。这就解释了为什么不能简单地将"劳资"等同于"劳资事实"。

例如：虽然临时劳动力承担了相同工作，但其报酬总是"位于劳资之外"（即低于劳资标准）。

或者：劳资规定的工间休息时间未能得到保证。

争取在实际工作中执行劳资协议的前提

是，雇员对劳资规定具有一定了解。《证据法》第 2 条第 1 款第 10 项①规定，雇主在签署劳动合同时，必须"以普遍形式"指出在调整劳动关系中起决定性作用的劳资协议。同时，《劳资协议法》第 8 条还要求雇主在企业中合适的位置公布劳资协议，但并未规定若雇主不这么做，将采取何种有效的强制手段。当个人需要可靠信息时，必要时必须向企业职工委员会或主管工会询问。一旦跨越这一障碍，就会看到多种维权路径。

●相关雇员起诉雇主，要求行使劳资权利。法律上他可以这么做，因为劳资协议直接并强制适用于劳动合同，或者（尤其是对外行人）劳动合同已指出劳资协议的效力。但这种方式有一个问题：起诉通常会被视为不忠诚的行为。因此相关雇员个人并不

---

① 1995 年 7 月 20 日，《民法典一》，第 1 卷，第 946 页。参见多伊普勒（Däubler）《劳动法二》，第 152 页注释。

敢在劳动关系存续期间行使其权利。[①] 与此相比，集体利益代表组织为职工维权更有希望获得成功。

• 《企业组织法》第 80 条第 1 款规定，企业职工委员会应监督劳资协议的执行情况。若其发现违背协议行为，可与雇主进行谈判，但不能强迫企业改变其实际做法。

• 工会可要求其劳资谈判中的资方遵守劳资协议。公司劳资协议中的情况比较简单：工会可起诉雇主要求其"遵守劳资协议"。协会劳资协议中的情况较为困难：雇主协会仅有义务要求其会员遵守劳资协议。如果对方不听劝诫，雇主协会作为制裁最多可以剥夺其会员资格。因此，起诉雇主协会的方式往往效果不尽如人意。

• 情况相对简单时，雇员可以尝试采取集体诉讼的方式：提起诉讼的不只是单独一个领头者，而是所有相关雇员。

---

① 霍兰德（Höland），《劳动与权利》，2010，第 452 页。

80 名妇女同时起诉雇主，状告其歧视女性雇员，要求获得与男人平等的地位。雇主虽然不满，但雇主的"不满"将平均分配到所有 80 个人身上，单个雇员面对的风险较小。有时值得冒这种风险。

●雇主不遵守劳资协议时，雇员通常可以按照《民法典》第 273 条的规定暂停提供劳动服务。

例如：由于雇主处于经济困境，他仅支付劳资标准的三分之二工资。联邦劳动法院规定，[1] 雇员可拒绝继续提供劳务，直至获得全额报酬。

人们是否采取这种方式，取决于许多因素，尤其取决于企业中的"气氛"。

●根据联邦劳动法院近期司法判决[2]，如果雇主（受或不受企业职工委员会支持）与一小群雇员商定了低于劳资标准的劳动条件，就具非法干涉结社自由权。工会可通过

---

① 《劳动法新刊》，1985，第 355 页。
② 《企业》，1999，第 913 页。

起诉反对这种干涉权利的行为，保护自身利益，并避免将来出现这种违反劳资协议的情况。事实上难以理解的是，虽然工会可为缔结劳资协议进行罢工，但当某些雇主违反劳资协议时，工会却无能为力。[①]

通常不会考虑让劳动监管部门介入，因为该部门无权监督劳资协议的执行情况。唯一的例外情况是，只有当某些劳资协议违反《劳动时间法》，损害雇员利益时，劳动监管部门才会介入。

---

① 参见加米尔史克（Gamillscheg），1996，第354页。

第三章
集体工资谈判流程

一　基本框架

　　与许多其他法规相反的是，德国法律并未规定劳资集体谈判的具体流程。谈判双方有权自主决定他们是否、何时以及就哪些问题展开谈判。正如签署一份私有住房或大宗股票合同一样：如果立法者规定了谈判义务与谈判方式，当事人会觉得受到了完全不必要的约束。但这并不意味着无须遵循处理法律事务的基本原则。故意欺骗谈判对手是绝对不允许的。

　　由于雇员一方相对弱势，雇主方并不会

主动要求进行劳资谈判。在这种情况下，工会可威胁组织合法罢工。但罢工合法的前提是，启动谈判的尝试已经失败，例如双方完全无法会面，或分歧过大，完全不可调和。[①] 与美国不同的是，德国并未规定"真诚谈判义务"，因为人们认为无法真正检验谈判双方是否真诚可信。在实践中，德国的雇主方知道工会有能力号召罢工，因此通常努力避免这种情况的发生，并在工会还未明确威胁组织罢工时展开谈判。当然，罢工是一个重要的"后手"，不必明说，大家都意会。

二 准备谈判

通常，劳资谈判的目的是为雇员争取更高工资与更好的劳动条件，这就要求雇员一方能提出雇主方无法置之不理的论据。因此

---

① 联邦劳动法院判决，《企业》，1988，第 1952页；《劳动法新刊》，1988，第 846 页。

必须大量掌握企业、行业经济状况与国民经济框架条件方面的信息。

只有在此基础上，才能真正应用三个"经典"论据。这三个论据通常能够影响劳资谈判中对工资的确定：

（1）通货膨胀导致购买力下降，因此有必要提高工资。为维持实际工资水平，必须将工资提高 $x\%$ 。

（2）自上次缔结劳资协议或单独制定工资标准以来，企业生产力显著提高。因此必须在平衡通货膨胀影响的基础之上，提高工资，使职工分享生产力提高带来的利益。

（3）利润增长仅给雇主带来利益。工会有权利要求将一部分利润分配给雇员，即对利润进行"再分配"。

通货膨胀程度可参见官方统计数据。需要注意的是统计中使用了哪些"一篮子商品"。例如德国引入欧元后，餐饮业中的某些价格增长率高达 100%，却并未在统计数据中体现出来。这是因为统计中未考虑餐饮业的食品价格。所以科研机构公布的数据与联邦统计局的"官方"数据并不相同。雇员可以对两者进行比较，但只能在专家协助下进行。地区性劳资协议的优势之一在于，工会作为一个跨企业组织，拥有大量熟知这些问题的专业职工。而仅在单个企业层面上展开谈判时，很难确保雇员拥有必要的专业知识。

至于生产力方面的信息，雇员可以从学术出版物、经济类报刊中了解相关行业的发展状况。德国在这方面提供了非常好的条件，德国工会联合会经济社会科学研究所的研究结果也可作为补充。另外，工会委员会有许多企业职工委员会非常了解其企业的经济与劳动组织状况，他们能够帮助雇员更加客观地估计企业生产力的增长状况。

衡量企业盈利通常非常困难。资产负债表的说服力非常有限，因为其中的一些数据是非常主观的估算值。如银行相对于某一企业的债权是全部还是50%，取决于其对债务人经济状况的评估。这种评估可以是积极的也可以是消极的，但两种评估没有对错之分。按照银行评估的不同，企业盈利额也可高可低。即使对某些国家的评估也没有确切结论，当前就希腊、葡萄牙及爱尔兰主权债务评估进行的讨论已表明这一点。对商品库存市值的确定通常也取决于主观推断。此过程同样需要专家协助。商定行业劳资协议比商定大量企业劳资协议更易获得专家协助。

如果谈判内容不是提高报酬而是岗位评估，谈判耗费的成本将高出数倍。例如1988 年，德国化工业制定了工人（蓝领）与职员（白领）的评估准则，该谈判持续了五年之久。在这种谈判中，主要由劳动学研究者提供咨询建议，因为他们是劳动组织研究方面的专家。

三　工会意志的形成

搜集提高工资或争取岗位合理评估方面的论据是劳资谈判的必要前提。这些论据不应局限于专家小组内部，而应该向所有工会会员公布。这是因为工会会员必须准备好在必要情况下暂停工作，争取达成劳资协议。而且工会会员及其代表也可能对劳资谈判中向雇主方提出的要求有一定想法。

在德国工会的组织结构中，最基层的组织是"地区管理委员会"。该委员会设有"理事会"，主要由工会会员或会员代表选举产生。理事会由 1～5 名名誉委员组成，负责选出工会的专职工作人员。这些职员与工会具有劳动关系。他们拥有丰富的知识与经验，在工会意志形成中起着重要作用。

更高一级的组织是"州立委员会"，通常（也有例外）设置在某个联邦州中。它同样也设有理事会，通常由代表大会选举产生。其成员通常为专职人员。

第三级组织是全国性组织：每个工会设有一个"联邦理事会"，代表联邦德国内的所有会员，由"工会代表大会"选举产生。代表大会每两年、三年或四年举行一次，由工会会员选出的代表组成。代表大会几乎等同于工会的"议会"，负责决定工会的议题与今后几年的工作目标，并写入行动纲领。

联邦理事会也被称为"大理事会"。该理事会通常一分为二：大理事会本身由 20 ~ 60 名会员组成，每年举行数次会议。"常务理事会"由 3 ~ 7 名专职会员组成，他们是该组织的实际决策中心，同时也负责在公开场合中就与工会相关的重要问题表态。

工会劳资谈判时，将设立所谓的劳资委员会作为补充。在区域层面上进行谈判时，便在该区域设立劳资委员会；讨论联邦范围内的劳资标准时，就设立"联邦劳资委员会"。劳资谈判仅限于一家企业时，就在基层地区层面上设立劳资委员会。

劳资委员会一方面由专职工作人员组成，另一方面由企业职工委员会成员组成，后者同时也是工会会员。他们通常代表大多数人，有责任将他们在企业中了解到的期待与"民意"带到劳资谈判中。实际上，他们的作用非常重要。如果他们认为企业中无人真正想要罢工，就会提出比较克制的要求，并采取较为妥协的谈判态度。但如果他们认为企业中"士气高涨"，职工要求工资至少上涨 10%，并希望举行罢工，他们就会提出较高要求，并采取比较强硬的谈判态度。实际上他们这种估计只能在有限范围内得到验证。根据他们对政治与经济的基本态度可以对工会内部的意愿形成进行不同方向的引导。

劳资委员会决定提出哪些劳资要求，这对谈判的进展也起到了重要作用。通常他们的决定只作为一种建议，但各州与联邦层面上的理事会不会忽略他们投票作出的决定。在公司劳资谈判中，来自相关企业的企业职工委员会起到了关键作用，所以，掌握决定权的（我们可以说）其实是劳资委员会。

之后，劳资谈判由"谈判委员会"主持进行。该委员会通常由 2～5 名成员组成，并设有一名"发言人"或"谈判负责人"。一般情况下，该委员会成员同时也是劳资委员会成员。在重要谈判中，州立理事会、联邦理事会或其中的一些成员承担这一角色。谈判委员会一般以工会发言人的身份出现在公共场合。其中一些人的知名度远远超出了工会范围，因为他们频繁出现在广播电视中，并反复被新闻媒体提到。

四　具体谈判

1. 开始

通常情况下，相关行业或企业已签署了劳资协议。为修改协议进行劳资谈判的前提是现行劳资协议已声明解除。通常劳资薪酬标准的有效期为一至两年，于一年（或一年半、两年）后声明解除。因此解除声明非常重要，只有当劳资协议失效后才能举行合法罢工。这意味着，虽然双方在该声明前或协议解除前已经可以自愿展开谈判，但基础是雇主方自愿。如果还未签署劳资协议，可以随时要求雇主方举行谈判。如果其拒绝谈判，雇员就有可能罢工。

劳资谈判开始时，通常首先由工会提出诉求。重要行业的工会也可在公开场合提出诉求。工会内部通过讨论，尤其是通过劳资委员会投票决定提出哪些要求。工资诉求方面已形成了不同的"模式"。

2. 诉求模式

例如,工会要求将现行工资提高 6%,这意味着当前收入较高者从中获益最大。因为对于工资为 1000 欧元的雇员这意味着每月增加 60 欧元的收入,对于工资为 4000 欧元的雇员则意味着每月增加 240 欧元的收入。在该模式中"工资差距"(正如经济学家所说)会不断加大。

相反模式是要求所有雇员工资统一上涨一定数额。若工会要求将工资提高 200 欧元,即意味着月收入 1000 欧元的雇员工资上涨 20%,而月收入 4000 欧元的雇员工资仅上涨 5%。

实践中最常见的是组合模式:即谈判决定将工资提高一定百分比,但增加数额不低于 80 欧元。这一最低数额也被称为"基本数额"。这种模式的最大受益者是低收入者。

近年来,劳资谈判经常决定"一次性支付",例如 500 欧元。这种模式的缺点是,其带来的仅是一次性的暂时效果。其他模式的工资增长将计入定期支付的报酬中，尤其会在下一轮劳资谈判中作为工资增长率的计算基础。每当新的劳资协议在时间上无法与旧协议衔接时，例如新旧协议之间存在三个月"零增长"的空当，就会使用"一次性支付"这种方式填补这一空当。这种模式很符合雇主诉求。此外，雇主通常还希望工资成比例增长针对的不仅仅是一年，而是一年半或两年。"两年增加5%"意味着每年增加2.5%。另一方面，工会也很愿意在其会员面前展示一个看起来非常成功的"5%的结果"（通胀率为1%时）。

3. 谈判策略

各成员在劳资谈判中的行为方式完全不同：这取决于他们的人格特性、与对手的关系以及是否掌握一定的谈判理论，例如所谓的哈佛模式。[①] 几乎所有谈判都会遵循两个

---

① 更多举例参见多伊普勒（Däubler），《谈判与组织》，慕尼黑，2003。

原则：

工会提出的要求远远高于其真实诉求，以此预留一定的妥协余地。这对雇主一方的谈判代表也有利：他们能向协会会员企业表明，他们成功拒绝了工会提出的出格要求。

谈判持续时间可长达数周或数月。这不能理解为双方谈判代表长时间无法达成一致。更多是因为他们需要向其组织表明，他们不惜付出一切努力为本方争取更多利益。如果双方仅用一天时间便达成一致，工会会员就会说，"其实还能争取更多利益"，而企业会指责不应这么快同意让步，本来工资增长率会稍小一些。通常劳资谈判决定性阶段的会议会持续至深夜。精疲力尽的双方谈判代表清晨六点钟在电视摄像机前宣布，他们已于半小时前达成一致。

除上述两个因素之外，对劳资谈判过程很难再做出更具普遍性的描述。可以想见谈判双方就本行业或企业的实际经济状况争论不休，各方聘请的专家为他们的观点提供理论依据。也有可能双方发言时间都很长，内容却很贫乏。双方也有可能在正式谈判之外的场合达成一致，例如散步时或喝酒时。但前提是各方谈判代表能够设身处地地考虑对方立场。如果双方谈判代表间存在个人恩怨或互不相容，就无法实现这一结果。虽然在其他场合可能达成一致，但不能因此觉得"喝一杯酒"就很容易达成一致。更多是因为雇员和企业都开始失去耐心，期望达成最终结果，才有可能选择这种方式。

4. 达成一致

谈判委员会的谈判结果，必须获得工会及雇主协会中掌握决定权的委员会的批准。通常先由劳资委员会投票表决。然后各州或联邦层面上的理事会最终决定是否批准该结果。委员会每 100 次中至少有 99 次会批准谈判结果，尤其是谈判委员会在签署暂时谈判结果并公之于众之前，通常会先征求理事会中关键人物的同意。

双方谈判委员会达成的一致结果通常会落实到具体的文字上面，如确定现行劳资协议作"如下"修改，并将新拟好的劳资协议文本呈交给决策委员会及各自组织的成员。如果谈判内容非常烦琐，法律方面的条款也很复杂，双方就对协议内容达成一致，并委托编辑委员会草拟协议。例如 2005 年签署的公共服务劳资协议（缩写为 TvöD）就如一部中等规模的法典。

《劳资协议法》第 1 条第 2 款规定，劳资协议必须以书面形式确定下来。双方必须分别委托一名代表签署劳资协议。由于协议内容涉及大量的劳动关系，因此应该写明在具体情况下适用哪些具体规定，以便于每位成员理解。双方协会通常会以小册子形式公布重要的劳资协议内容。

上文介绍的劳资谈判仅为正常情况，即通常无需调解组织介入或明确威胁罢工便可达成一致，这是在产生重大分歧（大型行业、公众的重要利益）时两种重要的冲突解决方式。下文将对此进行阐述。

五　调解

与魏玛时期不同的是，针对德国的劳资协议法律并未规定国家必须实行强制调解，因为这将违背《基本法》第9条第3款中规定的结社自由权与劳资自治权，导致就包括工资数额在内的劳动与经济条件作出最终决定的不是劳资谈判双方，而是其他主管部门。一些联邦州在"二战"后被占领时期颁布的类似法律都被视为违反宪法。现在仅存自愿调解这一形式。

1. 依据协议自愿调解

多数行业中的劳资双方之间都签署了调解协议。协议规定，可由双方共同或一方单独要求成立调解委员会，以避免在谈判失败的情况下爆发罢工。也可在产生其他分歧时，例如在企业层面引入这一程序。即使谈判双方已发生冲突，也可在一致同意下启动调解程序。

调解协议具有劳资协议的法律本质。它

规定了谁有权启动调解程序。如果只允许双方共同启动该程序，则没有问题。但如果仅一方享有该权利，就会产生问题，即另一方是否有权逃避程序还是必须参与该程序。鉴于该程序具有自愿性质，调解协议必须明确规定参与义务；否则另一方就有权自由决定是否参与该程序。

启动调解程序的前提是劳资谈判已经失败。如由一方宣布谈判失败，并声明继续谈判已无意义。多数情况下，谈判失败后的一定期限内，例如一周内可以启动调解程序。

第一步是"求助"于调解委员会。调解协议规定了委员会的人员构成。谈判双方应派出相同数量的代表（2~4人）组成委员会。通常情况下，还要指定一人担任委员会主席。通常都是从公共领域中挑选双方能够接受的人选，例如前任部长、高级法官或知名教授。某些调解协议还列举了候选人员名单，其中一部分偏向于雇员，另一部分偏向于雇主方。这些情况下还应确定调解人可供选择的顺序。这种"单个调解模式"有两个例外情况。

化工业的调解委员会中未设业外人士担任的主席职位。谈判双方派出同等数量的代表组成委员会。资方与劳方轮流派代表主持会议。

五金行业的调解委员会设有两名主席。一名由工会指定，另一名由雇主协会指定。但两者中只有一名享有表决权。当双方无法就谁拥有表决权达成一致时，就抽签决定。

调解委员会会议的实质内容是继续谈判。调解人努力使双方达成一致，例如建议将工资增长率定在较高水平，但将协议期限延长为两年。若其努力有效，双方就会作出统一决定，该决定具有劳资协议的法律本质。若双方未达成一致，就只能由调解人作出"调解决定"，并投票表决。票权较多一方有权随时否决该决定，实践中也经常这么做。因此调解决定并无较大的法律意义。调解决定被否决后，调解程序也随之终止。

调解协议规定了是否允许在调解程序

进行的同时组织罢工。罢工当然不能被绝对禁止，而且鉴于《基本法》第9条第3款对罢工权的保障，限制该基本权利必须明文规定。实践中确实有可能明确禁止罢工。但五金行业的调解协议规定，劳资协议失效后的和平义务时限仅为四周。若四周后调解程序仍未结束，雇员就有权同时组织罢工。

其他重要行业中都制定了调解协议，并充分利用该机制。这是因为所有相关人都希望尽量避免爆发罢工，因为传统上德国一直将罢工视为"违规"行为，工会也不愿背离这一传统。而且还要考虑公众的态度。当五金行业或铁路、航空、幼儿园等服务业宣布罢工时，罢工者必须向公众摆出具有说服力的理由，并证明完全没有和解可能，公众才可能接受罢工。在这种情况下，如果某组织拒绝了调解程序，就会被指责错过了和解机会，因而遭到媒体"恶评"。如果工会是"过错方"，那么无法避免的罢工就会遭到激烈抨击。但如果雇主是过错方，罢工者就会在社会中得到同情与支持。另外，调解程序还有延长冲突时间的作用，从而使双方都出现"疲惫状态"。4周后也许双方都宁愿同意达成一致，接受谈判开始时不可能接受的条件。

2. 自愿接受国家调解

为全面介绍调解程序，还应提及国家调解：基于1946年管制委员会第35号决议，国家也可以主导调解程序。只有双方共同决定接受国家调解时，才能启动该程序。若双方无法达成一致，调解委员会也会做出调解决定，但并不强迫双方接受该决定。启动该程序介入劳资谈判的前提是，谈判双方间不存在调解协议。该程序在实践中意义甚微。例如德国1988～1995年共签署了60000份劳资协议，其中只启动过50次国家调解程序。①

---

① 参见勒维施（Löwisch）、鲁姆勒（Rumler），载勒维施（主编），《劳动斗争与调解法》，海德堡，1997，第458页。

六 劳动斗争

与其他市场经济国家一样，在德国能够进行劳资谈判，是因为背后有罢工的可能。如联邦劳动法院曾指出，没有罢工，劳资谈判就不啻为"集体乞讨"。[①] 只有在允许罢工的前提下，工会才能与雇主方平等谈判。

按照联邦劳动法庭的判决，允许罢工的前提是以达致劳资协议目标为目的。当罢工针对的是工资结构与数额时，当然允许罢工。但不能针对现行的劳资协议举行罢工。只有当该协议已解除，且解除期限已过时，工会才能号召合法罢工。通常会考虑两种罢工方式。

直到 20 世纪 80 年代还在使用的传统的罢工方式是在谈判失败后才使用劳动斗争手

---

① 联邦劳动法院判决，《劳动法实践》，第 64 号，关于基本法第 9 条"劳动斗争"。

段。第一步通常是所谓的意见征询，即询问所有工会会员是否已准备好为提出的要求开始罢工。五金行业工会章程规定，只有当辖区中75%以上的被询问会员表示同意，才能开始罢工。其他工会则要求同意比例为50.1%。当然罢工同时还抱有一丝期望：也许雇主方会因为90%的雇员同意罢工而愿意做出妥协。如果未实现该期望，罢工会持续一两周，甚至达六周之久，直到双方最终达成一致。

罢工期间，工会向罢工者支付罢工补助，数额为其净工资的2/3到90%不等。虽然非工会会员也能参与罢工，但无权获得罢工补助，因为支付津贴的前提是加入工会时间已超过三个月。据悉这一规定经常导致雇员临时加入工会，并补缴三个月会费。当然毋庸置疑的是，罢工必然导致工会会员人数的增长。

若罢工迫使双方达成和解，必须就接受谈判结果还是继续罢工再次征询意见。极少情况下会因工会会员要求而必须继续罢工。通常工会将接受雇主作出的妥协。五金行业工会中的情况比较复杂，因为继续罢工的前提是要有75%以上的会员表示同意。20世纪70年代中曾经发生过工会联合会理事会签署的劳资谈判结果并未获得多数通过，但继续罢工要求的75%的比例也未达到，[①] 这种情况下将维持原有谈判结果。除这种罕见情况外，意见征询机制一直是实现工会会员参与的重要形式。对工会领导层来说，了解多数会员在具体问题上的意见具有重要意义。

雇主方也可能对这种罢工采取禁止罢工参与者进厂的政策。劳动斗争也可能涉及职工并未参与工会罢工的劳资领域企业。只要被禁止进厂人员是工会会员，就能获得罢工补助。由于近年来实践中从未实行过禁止进

---

① 多伊普勒（Däubler），《劳动法第一卷》，第16版，赖因贝克，2006，第186页，注释132中提到，第二次征询意见时仅有26%的会员造成谈判结果，52.2%表示反对。

厂政策，此处不再详细介绍相关内容。[1]

20世纪90年代以来，警告性罢工成为劳动斗争的主要形式。[2] 警告性罢工开始于劳资谈判期间，持续时间从一小时到一整天不等。警告性罢工明确表明工会有能力组织更长时间的罢工，以此对雇主方施压。按工会章程规定，由于警告性罢工时间较短，无须征询会员意见，同时也不支付罢工补助，因为对所有雇员来说，一天的工资损失是可以承受的。警告性罢工通常还伴随着宣传与抗议活动。通过这种方式，能够让公众对工会提出的要求获得直观感受。

雇主方更愿意在谈判中，最迟在调解程序中与工会方达成一致结果。由于大型罢工活动后也必须做出妥协，所以在罢工前实现

[1] 解雇政策详情参见沃尔特（Wolter），载多伊普勒（主编），《劳动斗争法》，巴登－巴登，2011，第21章，注释1。

[2] 参见莱勒贝尔格（Renneberg），《将来的劳动斗争？服务领域的劳动条件与冲突?》，汉堡，2005，第215页。

类似解决方案更为合理。工会方也不愿意造成激烈冲突：由于同行业众多企业间的紧密联系，激烈冲突会导致未罢工企业也无法继续工作。其职工既无法从雇主处得到工资，也无法获得国家津贴。工会也无财力向其支付罢工补助，因此这些职工会不断向工会施压。但罢工时间仅为几个小时的情况下不用担心造成这种结果。

虽然目前最为常见的是警告性罢工，但也不排除个别情况下会使用意见征询与长时间罢工等传统模式。在过去十年中，专业工会，尤其是火车司机或医生工会中经常使用这种模式。由于飞行员或空管人员罢工一天就会造成严重影响，因此该行业中进行警告性罢工会实现与其他领域中长时间罢工类似的效果。在德国工会联合会下属工会中，警告性罢工占据了绝对重要的位置。2009年发生的幼师罢工与零售业罢工是例外情况。当时零售业中的雇主方从企业外雇用了众多工贼：由于许多岗位的工作易于掌握，这也是可供雇主选择的一种应对方式。但工会从未认识到，国际劳工组织已将雇用工贼视为违法干涉结社自由权的行为。[1]

与其他工业国家不同的是，联邦德国的罢工频率很低，仅高于奥地利与瑞士。

国际劳工组织与欧洲委员会统计局的统计标准是每 1000 名职工一年中因罢工损失的工作天数，[2] 若每人罢工 1 天，则共计罢工 1000 天。2004～2007 年的平均数值中，加拿大以罢工 182 天位居第一，西班牙以罢工 101 天、芬兰以罢工 93 天分别居于第二和第三。意大利罢工 41 天，丹麦罢工 29 天，罗马尼亚罢工 22 天。德国仅罢工 6 天，瑞士罢工 3 天，奥地利在这段时间中完全未发生罢工。工会相关的科学家指出，联邦劳工局的官方统计数据仅证实了持续一天以上

---

[1] 证明参见洛希尔（Lörcher），载多伊普勒（主编），《劳动斗争法》，第三版，巴登－巴登，2011，第 10 章，注释 93。

[2] 此处与下文参见汉斯贝克勒基金会经济与社会科学研究所（主编），《经济与社会科学研究所劳资手册》，2010，第 150 页。

的罢工数量,因而公布了另一份将警告性罢工也纳入其中的统计数据。根据他们的计算,德国罢工天数增加至 19 天,但仍然远远低于其他所有国家。早些年间的情况也无不同。① 这也证实了上文的判断,即通常最后才会采取罢工这一手段。

① 证明参见多伊普勒 (Däubler),载多伊普勒(主编),《劳动斗争法》,第 8 章,注释 30。

第四章
劳资协议的经济与政治作用

一 现状

联邦宪法法院在多份判决中指出了劳资自治权的目的与作用。该法院在德国享有极高威望，但这并不妨碍人们对此进行批判性讨论，并持有其他观点。

1. 雇员保护与自由权

缔结劳资协议一方面是一种实现雇员平等参与制定工资与劳动条件的方式，以克服劳动合同规定的单个职工的组织劣势。例如联邦宪法法院在 1991 年 6 月 26 日的判决中

明确指出:①

　　劳资自治权旨在通过集体行为平衡
单个雇员在签署劳动合同时的组织劣
势,从而实现工资与劳动条件的近乎平
等协商。②

　　德国早在多年前已指出了这一自由
权与自决权。③ 从依附关系转变为平等关

---

① 联邦宪法法院判决,1991 年 6 月 26 日判决,
　第 1 卷,德国人民银行联邦协会 779/85,联
　邦宪法法院判决第 84 卷,第 212、229 页。

② 联邦宪法法院 1995 年 4 月 4 日的判决证实了
　这一点。第 1 卷,女性医生职业协会 2/86 与
　4/87 等,联邦宪法法院判决第 92 卷,第 365、
　395 页;联邦宪法法院 2004 年 12 月 29 日判决
　第 1 卷,德国人民银行联邦协会 2582/03 等,
　《劳动法新刊》,2005,第 153、155 页。

③ 联邦宪法法院 1973 年 2 月 27 日判决第 2 卷,
　物流业联邦联盟 27/69,联邦宪法法院判决
　第 34 卷,第 307、317 页。

系，① 在一定程度上实现了该生活核心领域
的民主。另外，由于生产过程的不同分工，
许多问题（例如禁烟、劳动时间方面的许
多问题）并未纳入单份劳动合同的协商，
因此只有在集体层面上才有可能实现平等参
与。② 上文③已阐述过地区性劳资协议的特
别优势，德国人也将其称为劳资协议的
"卡特尔作用"。但这种说法并无法律依据，
也无实际意义，因为它将商品市场适用的范
畴用在了结构完全不同的劳务市场上。

---

① 参见贝尔格（Berg）、普拉托夫（Platow）、
硕夫（Schoof）、温特新宁霍芬
（Unterhinninghofen），《劳资协议法与劳动斗
争法》，第 3 版，莱茵河畔法兰克福，2010，
第一部分，注释 50 "平等谈判"。也可参见
雅克布斯（Jacobs）、克劳瑟（Krause）、沃
特科尔克劳瑟（Oetker-Krause），第 1 章，注
释 17。

② 多伊普勒（Däubler），《劳动法新刊》，1988，
第 857 页。多恩多夫（Dorndorf），《基瑟尔
（Kissel）纪念文集》，第 147 页。

③ 参见第二章之二。

2. 经济领域的重要成果

第二种是经济作用。联邦宪法法院在对派遣公务员应对罢工的判决中指出：[①]

> 《基本法》对劳资自治权的保障向雇员与雇主提供了自主解决利益冲突的自由空间。这种自由源于历史经验，因为这种方式比国家调解更能实现符合冲突双方利益与集体利益的结果。

该观点首次出现在 1973 年 2 月 27 日的判决中。[②] 该判决指出，与劳资谈判直接相关的人员比民主立法者更接近实际情况，因而更了解事实，并可以通过协商取得更符合双方利益与共同利益的结果。[③] 因此，劳资

[①] 联邦宪法法院判决，第 88 卷，第 103、104 页。

[②] 联邦宪法法院判决，第 34 卷，第 307、317 页。

[③] 参见雅克布斯（Jacobs）、克劳瑟（Krause）、沃特科尔克劳瑟（Oetker-Krause），第 1 章，注释 17。

自治权被视为确定工资与劳动条件的最佳方式。较早前一份判决也许正是基于类似观点，隐晦地将劳动生活的"合理有序"称为劳资自治权的目标。[①] 用现代术语具体表述为如下含义：

● 首先，考虑各行业的经济状况，分散确定工资数额。机械制造业与化工业的工资数额可能高于部分还未转移的纺织业或饱受外国竞争压力的建筑业。行业劳资协议通常以所谓的边际企业为导向，即那些正好能够承受工资增长、自身生存未受威胁的企业。若某家企业远低于行业平均水平（认为自身尤其受到国际竞争压力），将面临两种选择：该企业可退出协会，缔结独立的企业劳资协议。另外，许多行业劳资协议中制定了

---

① 联邦宪法法院判决，第 4 卷，第 96、107 页。联邦宪法法院判决，第 18 卷，第 18、28 页。联邦宪法法院判决，第 50 卷，第 290、367 页。也可参见霍夫灵（Höfling），载：萨克斯（Sachs）（主编），《基本法评述》，第 5 版，慕尼黑，2009，第 9 篇，注释 55。

所谓的开放性条款，允许处于困境的企业劳资水平数年内低于其他企业的规定水平，以适应严峻的经济状况。

●其次，劳资协议是一种旨在对经济状况变化作出迅速反应的灵活手段。只要双方一致同意，便可随时修改劳资协议。当利润突然大幅上涨时，可迅速相应提高工资数额，在利润降低时则反之。如果当企业必须降低工资时，只有修改劳动合同这一种选择，则非常费时费力。即使 1000 名职工中有 100 人拒绝修改协议，企业也必须出于经济原因解除合同，并同时发出要约，要求他们在（其他人已接受的）较差条件下继续工作。但难以保证法院始终会批准这种解约。雇主还面临另一种风险，即正是那些很容易找到其他工作的人会拒绝降低工资，并在解约后转向为其竞争对手工作。若企业因此放弃降低反对者工资，就会在企业内部引起不满情绪，因为那些接受降低工资的人会感觉受到了不公待遇。若仅由劳资协议确定工资数额，就不会造成这些问题。调整工资的交易成本（如经济学家所说）相对较低。

因此，德国法律规定，必须在所有劳动合同中统一指出由劳资协议确定工资数额。基本上，只有当利润或通胀率突然增长，但雇主协会和单个企业家不准备调整工资时，才会产生问题。这种情况下偶尔会导致非工会组织的罢工，不过这方面的案例发生在多年之前。① 为防止这种情况发生，劳资协议的有效期通常较短，仅为一年，这样可以在下一轮劳资谈判中对经济状况变化作出反应。另外还制定了所谓的指数解约条款，使工会有权在通胀率突然大幅上涨时解除劳资协议，并就相应工资调整展开谈判。

● 最后，统一确定工资有一个大家心照不宣的前提，但人们不常提到它：雇员一方本身不希望在经济上对企业过分施压，进而威胁到自身的工作岗位，甚至导致企业必须裁员。即使政治机构不加干预，劳资谈判结果也会控制在可接受的经济框架内。但这并

---

① 1969 年 9 月罢工与 1973 年的类似过程。

不意味着雇员提出的要求不会远远超出可接受的范围，这主要是因为习惯上已经"设置"了一定的妥协余地。德国经济史上并未发生过因雇员罢工并要求提高工资导致企业倒闭或关闭某一部门的情况。可以想见的是，倘若发生类似情况，雇主方定会广而告之，并在众多劳资谈判回合中以此警告工会方引以为戒。

上述作用并不意味着，法院（或其他国家机构）必须检查每一份劳资协议是否制定了合理、合适的经济规定，是否在各种情况下都能维持并促进劳动与经济条件。①如果真这么做，"自治权"就无从谈起。因此劳资协议被赋予了所谓的正确保障。因为人们普遍认为，劳资协议会导致合理的经济结果。20世纪70年代高通胀时期，曾有一名公民指控五金行业工会，并要求赔偿，因为后者制定的高额工资提高了通胀率，使其

---

① 参见索丹（Sodan），《司法杂志》，1998，第421页。

遭受经济损失。负责处理类似争端的联邦最高法院驳回了该起诉，但并未进行事实调查。[①] 这并不意味着劳资协议不受法律约束。如上文所述，劳资协议受国家法律约束，通常也遵循法律规定。

3. 为政治体系减压

缔结劳资协议的第三个作用是为政治体系减压：即将资本与劳动间最明显的冲突形式，尤其是围绕工资展开的斗争从国家意志形成的过程中分离出来，并交由劳资协议涉及的人员自主决定。[②] 由于工会会员与其发

[①] 联邦最高法院判决，《企业顾问》，1978，第930 页：即使罢工对整体经济状况造成了不利影响，罢工也是合法的。类似观点参见联邦劳动法院判决，《企业》，1987，第 694 页。

[②] 瓦特布莱希特（Weitbrecht），《劳资自治权的效力与合法性》，第 15 页。也可参见贝尔格（Berg）、普拉托夫（Platow）、硕夫（Schoof）、温特新宁霍芬（Unterhinninghofen），注释 62。雅克布斯（Jacobs）、克劳瑟（Krause）、沃特科尔克劳瑟（Oetker-Krause），第 （转下页注）

言人参与了决定过程，谈判结果便具有"合法性"，这一结果比国家硬性规定更容易为相关人员所接受。[2] 与之相符的观点是曾有判决指出劳资协议有助于社会和谐。[3] 这是因为劳资协议避免了劳方在无尊严的工作条件下遭受低工资的剥削，[4] 这显然有利于劳资协议中的相关人。当他们不满企业做出的让步时，必须向其组织求助，并试图调整工会政策。在近 20 年的实践中，这种成功案例越来越少，所以德国等许多国家的工

（接上页注②）1 章，注释 17。艾尔夫克－迪特里希（ErfK-Dieterich），《基本法第 9 条》，注释 20，文章认为个人自治权、个性保护与职业自由权使国家从保护个人的任务中解脱出来。

[2] 瓦特布莱希特（Weitbrecht），同上，第 44 页。

[3] 联邦宪法法院判决，第 18 卷，第 18、28、32 页。

[4] 联邦宪法法院判决，第 5 卷，第 85、206 页。也可参见凯姆普恩（Kempen）、萨赫尔特－凯姆普恩（Zachert-Kempen），注释 78。

会深受会员人数锐减之苦。虽然如此，政府不会被当作批评对象，因为政府其实并不对谈判结果负责。所以即使有不满情绪，但针对的不是政府，而是自己的组织或"整体状况"。这样即使雇员对现有工资水平不满意，国家依然能够维持政治体系的稳定。因此在西欧的劳资协议实践中从未发生过因工资与劳动条件等方面的冲突导致政治领域的根本改变。即使出现全面罢工持续一天以上这种极端情况，人们也总是在现行政治体系内寻求解决方案。当某些领域的职工未被纳入劳资协议时（德国这一比例是所有职工的 40%），就会要求国家制定最低工资标准（虽然德国未这么做，但其他大部分欧盟成员国都对此进行了规定）。国家满足这一要求后，就可以建议这些企业职工加入工会，以获得超过最低标准的工资。

二 德国劳资自治的经验

上述劳资自治的作用是否在德国实践经

验中得到验证呢？文中阐述的是否是实际情
况呢？下文将通过介绍联邦德国六十余年的
劳资政策尝试回答这些问题。

1. 战后重建时期

"二战"后，盟军占领国一开始强制实
施了冻结工资政策，直到1948年才取消该
政策，从此才有可能制定官方的劳资政策，
以提高工资水平。随着失业率逐渐降低，[①]
经济不断增长，[②] 经济领域取得了巨大成
就。[③] 1950～1954年，国民生产总值平均增

---

① 数据参见古拉斯泰特（Glastetter），载五金行
业工会理事会（主编），《工业发达社会的危
机与改革》，1976，第55页：1950～1954
年，平均失业率为6.7%，1955～1959年降
为3.1%，1960～1964年最低，为0.7%。
详见维勒（Weller），《失业与劳动法》，斯
图加特，1969。

② 概况参见古拉斯泰特（Glastetter），载五金行
业工会理事会（主编），《工业发达社会的危
机与改革》，第21页。

③ 萨赫尔特（Zachert），《劳资协议》，第123
页。

长 12.5%；1955 ～ 1959 年，平均增长
9.6%；1960～1964 年，平均增长 9%。① 由
于这段时期价格增长率在 2.8% ～ 3.5%，
国民生产总值的实际增长率分别为 8.8%、
6.7% 与 5.3%。② 1965～1969 年实际增长率
为 4.2%，1970 ～ 1974 年为 3.5%。这段时
间的经济发展被称为"德国经济奇迹"，学
术研究将其原因标语式地表述为：战争虽
然毁坏了德国工业的大部分硬件设施，但
职工的生产知识这一软实力却被完整地保
留下来。新购的硬件设施也符合当时最新
的技术水平。另外，由于战争造成了巨大
破坏，且人们长期忍受物资匮乏，因而积
累了大量需求，从而实现了 15 年的平稳增
长。

　　1950～1971 年，1948 年之前被人为控

---

① 数据来源参见古拉斯泰特（Glastetter），
　　《工业发达社会的危机与改革》，第 53
　　页。
② 《工业发达社会的危机与改革》，第 53 页。

制在较低水平的工资实现了 5 倍的名义增长率。[1] 若考虑到同期价格增长，则实际工资增长率为 300%。[2] 若再考虑到税收与公共福利税增长，只计算个人实际支配的资金，即其净收入的购买力，则增长率仍然为 150% 左右。[3]

历史上多数固定职工的生活水平从未实现过这么大程度的提高，这也解释了 20 世纪 50 年代与 60 年代前期的选举结果：政府在选举中获得的选票始终超过半数。虽然技术革新促使企业裁员，但经济扩张又吸收了这部分剩余劳动力。较差的劳动条件经常通过"脏活补贴""夜班补贴"等形式予以补

---

[1] 数据参见奥斯特兰德（Osterland）、戴珀（Deppe）等，《联邦德国工业雇员生活与劳动状况资料》，莱茵河畔法兰克福，1973，第 112 页。

[2] 《经济与社会科学研究所报告》，1973，第 422 页。

[3] 奥斯特兰德等，《联邦德国工业雇员生活与劳动状况资料》，第 112 页。

偿，因而为职工所接受。[1] 但个别情况下，（除雇主支付的报酬以外）劳动力的过度使用也会成为劳资协议的约束对象。例如1956 年石勒苏益格 - 荷尔斯泰因州的五金行业工人举行罢工，要求雇主在职工生病时继续支付工资，目的就是排除一种工作压力。[2] 逐步实现每周 40 小时工作制也对减轻劳动压力起到了一定作用。

1966、1967 年危机持续时间较短，未对劳资实践造成持续影响。首次出现被裁职工未能立刻获得其他领域工作机会的情况后，《合理化保护协议》应运而生。[3] 该协议增加了企业裁员的难度，并规定企业裁员

---

[1] 格尔拉赫（Gerlach），《经济与社会科学研究所报告》，1979，第 221 页。

[2] 贝尔格曼（Bergmann）等，第 224 页。分析：职工生病时，雇主每年必须支付六周的全额工资（根据疾病种类不同，支付时间可能更长），该规定之前已写入法律。

[3] 参见博勒（Böhle）、鲁茨（Lutz），《合理化保护协议》，1974。

时必须支付经济补偿，但这至多不过增加了
一些合理化的成本。[1] 由于危机时期缔结的
劳资协议较为保守，有效期为 2 年，因而在
随之而来的经济腾飞阶段，利润"爆炸"
导致了许多问题。1969 年，约 200000 名职
工参加了所谓的九月罢工[2]（以及之后的
1973 年罢工）。虽然当时罢工被视为违法
（但未受制裁），但由于工会自认受劳资协
议的约束，只能旁观，不能采取任何措施，
因此这次罢工也为战后德国劳资政策最成功
阶段——1970～1975 年奠定了基础：[3] 在这
一期间工资率，即固定职工工资占国民收入
的比例总计提高了 5%。

---

[1] 格尔拉赫（Gerlach），《经济与社会科学研究
　　所报告》，1979，第 222 页。
[2] 参见舒曼（Schumann）、格尔里希（Gerlich）
　　等，《以九月罢工为例》，莱茵河畔法兰克
　　福，1971。
[3] 绍尔（Schauer），《经济与社会科学研究所报
　　告》，1999，第 430 页。多伊普勒（Däubler），
　　《劳动斗争法》，第 8 章，注释 52。

1973 年，北符腾堡 - 北巴登地区金属工业罢工促使劳资双方签署了劳资框架协议Ⅱ，由此开辟了劳资政策的新领域。[①] 该协议以企业劳动过程本身为约束对象，并制定了带薪休假、作业频率与流水线作业改革等大量规定，试图从根本上实现人性化的劳动生活。[②] 劳资政策实践中设定这样一个目标也许是因为雇员的"要求水平"不断提高，经济补偿不足以弥补雇员可能受到的健康损害。这不仅是为了应对不断提高的工作要求，也是为了应对学生运动与（当时）以改革为目标的社会民主党所推动的政治化

[①]　参见《劳动法》，1974，第 177 页。参见贡特勒（Güntner），《劳动法》，1974，第 153页。

[②]　具体方案与实施困难参见施泰因库勒（Steinkühler），《工会月刊》，1977，第 394页。五金行业工会理事会（主编），《工作日更美好》，1977。参见达布罗夫斯基（Dabrowski）、诺依曼（Neumann）等，《企业实践中的劳资框架协议Ⅱ》，1977。

进程。

2. 20 世纪 70 年代末应对危机阶段

1973 年末开始的危机促使工会劳资政策的重心发生了转移。虽然工资政策仍然是其核心任务,[1] 但除此之外,工会更多致力于维护工作岗位与社会福利状况,[2] 还为此制定了许多规定。例如在 1976 年签署的烟草业劳资总协议中,食品、餐饮业工会规定,企业职工委员会在合理化措施、雇佣与解雇职工等决策中享有完全共决权。[3] 印刷业的企业雇员劳资总协议早已制定了岗位组成数量规则,规定了机器操作人员的最低数量。[4] 经过长达三周的劳动斗争,印刷与纸

---

[1] 萨赫尔特 (Zachert),《劳资协议》,第 119 页。

[2] 格尔拉赫 (Gerlach),《经济与社会科学研究所报告》,1979,第 224 页。

[3] 格尔拉赫 (Gerlach),《经济与社会科学研究所报告》,1979,第 223 页。

[4] 参见罗特 (Reuter),《劳动法杂志》,1978,第 2 页。

张工会①于 1978 年初成功制定了所谓的岗位组成质量规则，要求某些岗位必须优先任用专业印刷人士。② 1978 年，北符腾堡－北巴登地区的五金行业工会也通过罢工实现了劳资保障协议。该协议主要禁止将工资降低两级以上（或将薪酬降低一级以上）。③ 但劳动斗争未能实现确定现行工资分级制度与现行平均工资水平的要求④。该协议虽然控

---

① 此为媒体工会的前身，媒体工会后并入服务业联合工会。

② 相关劳资协议参见《劳动法》，1978，第 116 页。参见贝尔格（Berg）、温德林－施罗德（Wendeling-Schröder）、沃尔特（Wolter），《劳动法》，1980，第 299 页。赞成这一规定的观点参见联邦劳动法庭判决，1983 年 9 月 13 日，第 1 卷，ABR 69/81，《企业》，1984，第 1099 页。

③ 劳资协议目的为"工资分级保障及降级时收入保障"，参见《劳动法》，1978，第 384 页。

④ 五金行业工会劳资协议文稿参见布罗迈尔（Blomeyer），《劳动法杂志》，1980，第 75 页。

制了社会福利水平的下降程度，但并未全面
阻止对雇员高职低就。

3. 劳资政策重心向劳动时间转移

20 世纪 80 年代中期，劳资政策的重
心发生了转移。随着失业率不断上升，缩
短工作时间成为核心要求，因为工会希望
通过这种方式改善工作状况。劳动时间的
缩短也对雇员有利，后者有更多时间享受
"真正的生活"。①

此举产生的效应却千差万别。关于休假
制度劳方的斗争迅速取得了明显成果。② 年

---

① 参见德国工会联合会联邦理事会（主编），
《重现充分就业建议》，杜塞尔多夫，
1977。

② 概况参见克拉森（Clasen），《劳动法》，
1984，第 245 页。文中写到：1983 年劳资
协议涉及的所有雇员中，有 63% 的人享有
6 周休假（个别情况中甚至更长）。特定劳
资领域的发展参见《劳动法》，1979，第
176 页。

长职工①与倒班雇员②工作时间的缩短也较
容易被各方一致接受。但统一缩短所有职工
周工作时间却遭到雇主的坚决反对。③ 但
1984 年夏初的大型劳动斗争还是冲破了 40 小
时的界限，并于 1985 年 4 月 1 日签署了五金
行业与印刷业每周工作 38.5 小时的协议。④

---

① 举例参见克拉森（Clasen），《劳动法》，
1984，第 243 页。格尔拉赫（Gerlach），《经
济与社会科学研究所报告》，1979，第 226
页。

② 克拉森（Clasen），《劳动法》，1984，第 244
页：规定夜班与倒班休息的劳资协议适用于
540 万名雇员。例如 1978、1979 年钢铁业雇
员罢工后缔结的劳资协议。参见格尔拉赫
（Gerlach），《经济与社会科学研究所报告》，
1979，第 226 页。

③ 包括每周 40 小时工作制在内的所谓雇主
《禁忌目录》，参见魏德曼（Wiedemann），
《联邦劳动法庭 25 周年纪念文集》，第 637
页。

④ （被接受的）调解建议参见《劳动法》，
1984，第 362 页。

其他行业也紧随其后。1987 年初，五金行业与印刷业的劳动斗争又实现了重大突破：1989 年起实行每周 37 小时工作制。[1] 1990年的劳资谈判确定五金行业与印刷业将实行每周 35 小时工作制：五金行业从 1995 年 10月 1 日起实施，印刷与钢铁业从 1995 年 4月 1 日起实施。[2] 1989 年 4 月 1 日起，公职人员开始实行每周 38.5 小时工作制。[3] 80年代末期，所有行业劳资协议规定的每周工作时间平均为 37.5 小时左右。[4] 1990 年，

[1] 五金行业劳资谈判结果参见《劳动法》，1987，第 289 页。

[2] 比斯品克（Bispinck），《经济与社会科学研究所劳资案卷》，《经济与社会科学研究所报告》，1991，第 139 页。

[3] 库尔茨－沙尔夫（Kurz-Scherf），《经济与社会科学研究所劳资案卷》，《经济与社会科学研究所报告》，1989，第 127 页。

[4] 比斯品克（Bispinck），《经济与社会科学研究所劳资案卷》，《经济与社会科学研究所报告》，1994，第 476 页。

劳资协议规定的年工作时间降低至 1689.1小时，① 远低于其他欧共体国家、日本与美国。

上述劳动时间的缩减始终伴随着"工资完整补偿"措施：每次缩减工作时间都必须以保持月薪不变为前提，同时相应提高时薪。该措施因符合雇主方对加强劳动时间灵活性的要求，因而为其所接受。只要管理层与企业职工委员会一致同意，就能制定每周不同的工作时间。唯一强制规定的是必须遵守一定的最高及最低限额，并且在一定时间，例如 6 个月内完成规定工作时间。② 1984 年，在调解人格洛克·雷伯（Georg Leber）的建议下，五金行业还实施了所谓的工作时间差别化措施：企业职工委员会与

① 比斯品克（Bispinck），《经济与社会科学研究所劳资案卷》，《经济与社会科学研究所报告》，1991，第 133 页。

② 参见巴登 - 符腾堡州劳动法院 1988 年 8 月 26 日，第 2 卷，TaBV 1/88，《劳动法新刊》，1989，第 317 页。

管理层可协商制定企业中单个部门、职工或群体的周工作时间，前提是必须保证周工作时间在 36.5 ~ 39 个小时之间，且企业平均值为 37 个小时。[1] 联邦劳动法院已认定该规定合法。[2]

作为对每周 35 小时工作制的回报，1990 年的劳资协议还制定了另一种沿用至今的模式。即企业中 18% 的职工可以在劳动合同中规定每周工作时间不超过 40 小时，[3] 但必须保证一定前提，例如有权恢复

---

[1] 1984 年，变动幅度为 37 ~ 40 小时，1987 年降低为 36.5 ~ 39 小时。

[2] 联邦劳动法院 1987 年 8 月 18 日判决，第 1 卷，ABR 30/86，《劳动法实践》，第 23 号，关于 1972 年《企业组织法》第 77 条。

[3] 比斯品克（Bispinck），《经济与社会科学研究所劳资案卷》，《经济与社会科学研究所报告》，1991，第 139 页。某些劳资领域中，只有 13% 的职工享有该权利，但一些领导层人员被排除在适用范围之外。相关劳资协议参见里查尔迪（Richardi），《企业》，1990，第 1613 页。

正常工作时间。除五金行业以外，迄今为止，这种形式的劳动时间差别化措施几乎从未用于其他行业的劳资实践。

1984 年以来，除缩短周工作时间以外，劳资协议对所谓提前退休的规定也愈加看重。[①] 早在 1984 年 7 月就制定了相关规定，允许达到相应年龄的雇员，即约 240000 名雇员提前退休的要求。[②] 该规定的适用人数为所有受劳资协议约束的雇员的 1/3。自 1984 年《提前退休法》生效，到 1988 年 12 月 31 日期间，约有 200000 名雇员受益于该规定，但此举仅使失业人数下降了 90000 人。[③] 1988 年立法者并未延长该法律的有效期，因此也没必要重新制定类似规定。由于雇员仅在极少数情况下享有提前退休权，因

---

① 参见维扬德（Weyand），《劳动与权利》，1989，第 193 页。
② 参见《劳动法报告》，1984，第 397 页。
③ 劳动力市场与职业研究所，1989 年 8 月 14 日《商报》，第 3 页。

此它符合雇主方对工作灵活性的要求。雇主优先考虑的是那些因工作能力降低或岗位要求改变而不再必要的雇员的要求。接下来几年中，老年职工非全时工作规定变得越来越重要。该规定出现在许多劳资协议中，使雇员有可能在 60 岁之前进入实际退休状态。由于德国始终规定男性退休年龄为 65 岁（女性为 60 岁），许多人希望提前退休，因此类似规定具有非常重要的作用。之后，男性与女性的退休年龄都定为 65 岁（极少数特例），并逐步提高至 67 岁。

20 世纪 80 年代期间，工会推行的工资政策并未取得相应成果，其中几年甚至接受了实际工资下降的情况。[1] 同时，在劳资协议中制定具体劳动条件，例如电脑操作工间休息[2]或

---

[1] 齐姆曼（Zimmermann），《经济与社会科学研究所报告》，1991，第 122 页。绍尔（Schauer），《经济与社会科学研究所报告》，1999，第 432 页。

[2] 论述参见凯姆普恩（Kempen）、萨赫尔特（Zachert），第 1 章，注释 244。

岗位组成规则的趋势愈加明显。[1]

上文中各种用于改善固定职工状况的措施给人留下了不错的初步印象。岗位组成数量规则与岗位组成质量规则等新式法律规定尤为引人注意。但不能忽略的是，文中主要介绍了取得的显著成果，但并未阐述福利保障与人性化标准。许多领域根本无法实施类似规定，企业可以不顾职工的反对，顺利裁员。因此，不能仅根据取得的明显成绩来衡量劳资自治权的实际效果，也应该考虑到在该领域所遭受的失败。[2]

---

[1] 合法性参见联邦劳动法院 1983 年 9 月 13 日判决，第 1 卷，ABR 69/81，《企业》，1984，第 1099 页，联邦劳动法院 1990 年 4 月 26 日判决，第 1 卷，ABR 84/87，《企业》，1990，第 1919 页。

[2] 不同行业的年工作时间差别达 150 小时。数据参见比斯品克（Bispinck），《经济与社会科学研究所劳资案卷》，《经济与社会科学研究所报告》，1991，第 133 页。

4. 原民主德国状况

新成立联邦州的劳资政策主要以原西德为榜样。1990 年 7 月 1 日成立货币联盟后，首先将名义工资提高至西德水平的 45% ~ 50% 。之后，由于现行工资制度的差别化程度较低，"违背劳动效率"，因而修改了传统的工资与薪酬结构。[1] 在第三阶段中，1991 年底开始将向西德水平看齐作为核心目标，但这一目标直至今日也未完全实现。预计通过多个步骤、用 3 ~ 6 年时间发展至西德水平的阶段性计划也不得不修改。五金行业情况也一样。由于无限期解除了现行的劳资协议，实现西德水平的时间也一再拖延。另外还引入了艰难时期条款，使企业在经济困难时期能够在一定程度上降低劳资标准。[2] 周工作时间方面，并未超出每周 40

---

[1] 高波尔（Göbel），《乌洛茨克（Wlotzke）纪念文集》，1994，第 317 页。

[2] 概述参见比斯品克（Bispinck），《经济与社会科学研究所劳资案卷》，1993，（转下页注）

小时的工作时间。[①] 同时，由于许多企业逐渐远离或退出雇主协会，劳资协议的适用范围不断缩小。

5. 20 世纪 90 年代以来的危机现象：雇主方实力增强，劳动力价格降低

1992～1993 年爆发的严重经济危机以及随之而来的裁员风潮导致实际工资再次下降。[②] 不断深入的经济全球化使得"德国区位优势"也受到运行良好的企业的怀疑。德国国内新增就业数量极少。许多企业使用

(接上页注②) 第 469 页。评估参见辛克尔（Hickel）、库尔茨克（Kurtzke），《经济与社会科学研究所报告》，1997，第 98 页。

① 比斯品克（Bispinck），《经济与社会科学研究所劳资案卷》，《经济与社会科学研究所报告》，1997，第 78 页。但很少达到西德平均水平。

② 比斯品克（Bispinck），《经济与社会科学研究所劳资案卷》，《经济与社会科学研究所报告》，1994，第 469 页。

投资国外生产基地这一施压手段要求职工接受低工资水平。[1] 其中主要呈现出以下几种趋势：

（1）谈判体系向企业层面转移

雇主方一直抨击现行地区性劳资协议过于死板，其条款无法适应不同企业生产力与不同市场依存度的特点。经济不景气时，雇主试图与企业职工委员会共同成立"劳动联盟"，在许多情况下降低劳资标准，同时保证一定期限内不会正常裁员。多数情况下还将缩短工作时间，但并不进行工资补偿，或者在保持薪酬不变的同时，延长工作时间。[2] 缔结类似企业"特殊协议"的情况非

---

[1] 较早的实例参见威丝曼（Viessmann），马尔堡劳动法院 1996 年 8 月 7 日判决，第 1 卷，BV 6/96 与第 1 卷 BV 10/96，《企业》，1996，第 1925 页。

[2] 详细内容参见茂尔（Mauer）、赛福特（Seifert），《经济与社会科学研究所报告》，2001，第 490 页。

常多,① 其中也有不少收益良好的企业出于
增强竞争力的考虑延长工作时间。② 所有这
些协议的合法性都非常值得怀疑,但法院从
未对此问题进行过解释,因为无论是企业职
工委员会还是雇主都不希望这种情况的发
生,工会也不愿因违反企业中的这种协议而
受到孤立。

　　针对这些情况,劳资政策制定了开放
性条款,使企业中各方能够在不进行工资
补偿的情况下缩短工作时间,或暂时宣布

①　荷兰德（Höland）、布莱希特（Brecht）、莱
　　姆（Reim）,《经济与社会科学研究所报告》,
　　2000,第 639 页。详细数据参见赛福特
　　（Seifert）,《经济与社会科学研究所报告》,
　　2000,第 437 页。

②　茂尔（Mauer）、赛福特（Seifert）,《经济与
　　社会科学研究所报告》,2001,第 490、493
　　页。2004～2005 年经济与社会科学研究所企
　　业与公职人员代表会调查结果显示,约 1/4
　　的利润"良好"企业成立了企业劳动联盟,
　　参见伯克勒（Böckler）,《鼓励手册》,2005,
　　第 2 页。

某些特定的劳资权利无效。某些行业一开始就协商制定了"工资与工作时间走廊"，特意为企业层面提供操作空间。[1] 为鼓励雇主雇用新职工，还制定了所谓的入职工资，即长期失业者获得的工资比标准劳资水平低10%。[2] 那时，有 3/4 的地区性劳资协议中含有类似的开放性条款。[3] 除此之外，还制定了许多补充性公司劳资协

---

[1] 例如化工业，参见莫里托（Molitor），《维斯（Wiese）纪念文集》，第 305 页。

[2] 参见莫里托（Molitor），《维斯（Wiese）纪念文集》，第 306 页。与平均原则的一致性参见萨赫尔特（Zachert），《多伊普勒（Däubler）纪念文集》，第 991 页。

[3] 这是 2004～2005 年经济与社会科学研究所企业与公职人员代表会的调查结果，参见伯克勒（Böckler），《鼓励手册》，2005，第 1 页。1999 年进行的调查结果显示，开放性条款涉及了约 1300 万名雇主，参见纳格（Nagel），载：奥托（Ott）、沙夫（Schöfer）（主编），《劳动法的经济学分析》，第 40 页。

议，使劳资双方具有巨大的操作空间。例如联邦劳动法院允许暂时将周工作时间从38.5小时降低至30.5小时，但仅支付部分工资补偿。[①] 即使将周工作时间降低至87%，在六年之内不支付任何工资补偿也不会遭到反对。[②] 另外还允许不支付已经部分挣得的圣诞节补贴。只有对遵循规则者的信任保护原则能够限制违反现行劳资规定的行为。[③]

实际上，地区性劳资协议的"开放"

[①] 联邦劳动法院判决，2000年10月25日，第4卷，AZR 438/99，《劳动法新刊》，2001，第328页。

[②] 联邦劳动法院判决，2001年6月28日，第6卷，AZR 114/00，《企业》，2002，第274页。这是指萨克森－安哈特州一份地区性教师劳资协议，但补充公司劳资协议的操作空间并无特别。

[③] 联邦劳动法院判决，2003年10月22日，第10卷，AZR 152/03，《劳动法新刊》，2004，第444页。

并不能排除缔结超出相应操作空间的企业协议。① 根据《企业组织法》第 77 条第 3 款，这种协议与现行法规相悖。而且作为统一的劳动合同条款，这种协议明显违法，因为其违反了禁止将"限制裁员"与"雇主报酬"挂钩的有益原则，降低标准条款并不更加有益，因此无效。若雇主在企业或某些企业部门中建议实施违反劳资协议的劳动条款，工会有权因其侵犯了《基本法》第 9 条第 3 款规定的活动权而向法院起诉该行为，或者至少制止企业以后再实施该条款。② 这意味着，只有与参与缔结劳资协议的工会联合行动，才能合法、有效地修改劳资协议，这通

---

① 迪特里希（Dieterich），《劳动法》，2002，第 6 页。荷兰德（Höland）、布莱希特（Brecht）、莱姆（Reim），《经济与社会科学研究所报告》，2000，第 639 页。

② 联邦劳动法院判决，1999 年 4 月 20 日，第 1 卷，ABR 72/98，《企业》，1999，第 1555 页。同《企业劳动》，1999，第 538 页。

常也有利于改善企业职工委员会的谈判地位。[1] 实现"特殊开放"有多种方式：其一，工会有权独立缔结公司劳资协议或与特定企业相关的协会劳资协议。[2] 其二，工会也可提前或事后批准企业内部各方达成的一致意见。[3] 但从一开始就要强调的是，这种方式必须以工会始终参与谈判过程为前提。[4] 最终结果是劳资体系显示了其很强的灵活性。

---

[1] 荷兰德（Höland）、布莱希特（Brecht）、莱姆（Reim），《劳动与权利》，2002，第131页。多伊普勒（Däubler），《企业劳动》，1999，第538页。

[2] 荷兰德（Höland）、布莱希特（Brecht）、莱姆（Reim），《劳动与权利》，2002，第131页。多伊普勒（Däubler），《企业劳动》，1999，第538页。

[3] 根据联邦劳动法院1999年4月20日判决，第1卷，AZR 631/98，《企业》，1999，第1660页。即使工会事后批准之前违反劳资协议的企业协议，该协议仍然有效。

[4] 怀疑观点参见普拉托夫（Platow），《企业劳动》，2003，第581页。

（2）劳资协议适用范围受到侵蚀、劳资标准降低与会员缩减

由于大量雇主退出协会，劳资保护至少在中期内失效。若新成立的子公司未加入雇主协会，新雇员工资低于劳资标准，那么劳资保护从一开始就无从谈起。由于工会组织程度降低，[①] 因此任何情况下都不再强制规定缔结公司劳资协议。至于新调入子公司的雇员，只要他们的劳动合同适用"相应的劳资协议"，联邦劳动法院之前规定实施"修改性解释"，赋予他们与工会会员平等的地位。但如果子公司中工会会员也不享受劳资协议，那么新调入人员也无法得到相应保护。[②] 至于

[①] 参见下文。

[②] 联邦劳动法院判决，2001 年 9 月 26 日，第 4 卷，AZR 544/00，《企业》，2002，第 1005 页。联邦劳动法院判决，2003 年 3 月 19 日，第 4 卷，AZR331/02，《劳动法新刊》，2003，第 1207 页。批判观点参见多伊普勒（Däubler），《劳动法》，2002，第 303 页。联邦劳动法院在 2005 年 12 月 14 日（转下页注）

2001 年 12 月 31 日以后签署的劳动合同，联邦劳动法院考虑到自那时起生效的《民法典》第 305 条第 2 款的规定，作出了不同决定，并要求当事人保证：即使与雇员签署劳动关系的雇主不受劳资协议约束，但由于劳动合同参考了各行业"适用的劳资协议"，因此仍然适用该劳资协议。[1] 一份颇具代表性的研究结果显示，1996 年时还有 62% 的企业受到劳资保护。[2] 之后西部地区这一比例降至 46%，东部地区降至 26%。[3] 由于

（接上页注②）的判决中宣告了这一转变。参见克莱贝克（Klebeck），《劳动法新刊》，2006，第 15 页。

[1] 联邦劳动法院判决，2007 年 4 月 18 日，《劳动法新刊》，2007，第 965 页。

[2] 劳动力市场与职业研究所企业调查，参见贝尔曼（Bellmann）等，《企业在德国的灵活性》，纽伦堡，1996，第 57 页。

[3] 劳动力市场与职业研究所企业调查结果，参见埃尔古特（Ellguth）、克豪特（Kohaut），《经济与社会科学研究所报告》，2004，第 451 页。（增加了行业劳资协议与公司劳资协议）

较多大型企业适用劳资协议，2009 年西部仍然还有 65% 的雇员，东部还有 51% 的雇员被纳入劳资协议的适用范围。[1]

普遍看来，应该迅速改变认为制定劳资条款能够始终保证工资维持在适当水平的看法。因为这一观点并未考虑到一些极端情况：例如 2004 年，石勒苏益格－荷尔斯泰因州农牧业中一名（16 岁以下）少年马厩帮工每月收入仅为 461.77 欧元。[2] 更为严峻的是，萨克森州理发业中所有年龄段的雇员月薪共计 492 欧元，[3] 时薪仅为 3.09 欧

---

[1] 劳动力市场与职业研究所 2009 年企业调查结果，参见《经济与社会科学研究所劳资案卷》，《劳资政策数据手册》，杜塞尔多夫，2010 年，第 1.7 章。（增加了行业劳资协议与公司劳资协议）

[2] 参见《劳动法》，2005，第 124 页。

[3] 参见比斯品克（Bispinck），《经济与社会科学研究所劳资案卷》，《经济与社会科学研究所劳资手册》，2005，第 148 页。《经济与社会科学研究所劳资手册》，2010，第 200 页。

元。卖花人的境况也差不多：时薪位于三级工资等级中最低一级，萨克森－安哈特州为 4.40~4.82 欧元，整个西德地区为 7.35~7.95 欧元。[1] 在雇员眼中，这种"低劳资标准"严重侵犯了劳资自治权。但法院很难判决类似劳资标准违反良好惯例，并禁止执行该标准。若劳动合同中制定了类似协议，更易遭到批评。也许工会会员认为，"劳资协议"本身这种形式已具有内在价值。[2] 事实上，劳资协议使本来就艰难的状况更无前景。

（3）地位较低人群：特殊雇员与经济上具有依附关系的自由职业者

从劳资协议涉及的人群来看，其效力也在不断降低。虽然原则上非全时雇员与短期

---

[1]　参见比斯品克（Bispinck），《经济与社会科学研究所劳资案卷》，《经济与社会科学研究所劳资手册》，2010，第 197 页。

[2]　深入分析参见多伊普勒（Däubler），《企业劳动》，2005，第 261 页。

职工也被纳入其适用范围，但无法保证他们的特定诉求能获得与长期全职雇员同等的重视。虽然《非全时工作法》第4条第2款①规定禁止歧视短期职工，但他们通常无法获得长期岗位，因此也无法享有他们参与协定的权利。这一群体比"普通雇员"更难以真正行使劳资协议赋予他们的权利，因为这将使他们本来就渺茫的继续工作的机会完全丧失。虽然《非全时工作法》第4条第1款规定禁止歧视非全时雇员，但他们仍然受到了歧视待遇，因为他们在加班时间牺牲休息从事与全职工作几乎相同的劳动，获得的却仅是"普通工时"而非"加班"报酬。②

---

① 深入阐述参见基特勒（Kittner）、多伊普勒（Däubler）、茨万奇格 – 多伊普勒（Zwanziger-Däubler），《解雇保护法》，第8版，莱茵河畔法兰克福，2011，《兼职工作法》第4条，注释4。

② 联邦劳动法院判决，2003年11月5日，第5卷，AZR 8/03，《劳动法新刊》，2005，第222页。

到 2002 年为止，派遣雇员仅在极少数情况下被纳入（低标准）劳资协议的适用范围，因此他们的薪酬仅为供职企业平均工资的 60% 左右。[1] 虽然其间缔结了劳工派遣劳资协议，但其状况至今未得到本质改善。

上述这些所谓的特殊雇员基本上还能被纳入劳资协议的适用范围，而那些所谓的自由工作人员与其他非雇员实际上被完全排除在外。只有在极少数情况下，法律规定的劳动权能起到一定作用。《劳资协议法》第 12 条 a 款允许缔结适用于近似雇员人群的劳资协议，但仅赋予其中一部分人受保护地位，而该地位在媒体界外几乎无实际意义。更为严峻的情况是，虽然自由职业者实际上也是雇员，但当雇佣关系结束后，他们很少能行使自身权利。由于缺乏足够的解雇保护，若他们行使权利，将难以获得新的"委托合同"。而且，由于自

---

[1] 证明参见多伊普勒（Däubler），《批判司法》，2003，第 17 页。

由职业者基本不享有社会福利保险，对雇主来说，其工资成本降低了 40% 以上。因此，从经济角度来看，这一雇佣形式极具吸引力。缺乏保障导致的问题被转嫁给雇员自身与社会（失业救济金 II - "哈尔茨四号"，社会救济）。对创作者给予共同报酬规定是改变这一现状的一个新尝试，[1] 旨在为艺术家设立社会福利保险。[2]

（4）国家补贴的雇佣关系

由于雇主倾向于获得国家补贴的"更为廉价"的劳动关系，因此劳资协议规定的薪酬标准与劳动条件更难以落实。这里指的不是《社会福利法典 III》第 218 条中规定的融入补贴，因为该补贴通常用于补偿企业的特定损失，例如雇用严重残疾人带来的

---

[1] 参见汉舍（Hensche），载：多伊普勒（主编），《论劳资协议法》，第 2 版，巴登 - 巴登，2006，引言与注释 900。

[2] 详见库特勒 - 路普特（Küttner-Ruppelt），《人事手册》，2011，第 264 号。

损失。与之不同的是国家用财政支出创造就业措施涉及的劳动关系。[①] 针对这种劳动关系，依据《社会福利法典 III》第 264 条第 2 款，按资格等级的不同制定了不同的补贴数额。由于创造就业措施的载体（公共机构、公益组织）本身可支配资金非常少，因此这种劳动关系中支付的工资必然低于劳资标准。虽然法律规定该措施仅适用于额外任务及符合公共利益的任务（加之公共资金紧缺），限制了该雇佣形式的使用范围，但并不能解决根本问题。正是考虑到这一情况，劳资谈判各方将创造就业措施涉及的职工排除在劳资协议之外，但并未就该规定的合理性展开广泛讨论。联邦宪法法院甚至允许国家在实施该措施中坚持与劳资标准保持最低距离。[②] 实际上，经济状况差的地区更倾向

---

① 这种劳动力的工资成本部分或完全由劳动局承担。

② 联邦宪法法院判决，第 100 卷，第 271、287 页。

于借助"创造就业措施"雇用廉价劳动力完成特定任务，而无须满足正常劳动力市场的劳动条件。因此，更有必要对此进行思考。

所谓 1 欧元工作不涉及《社会福利法典 II》第 16d 条中规定的工作关系，而 2005 年约有 750000 名雇员处于这种工作状态中。[①] 这种工作多为指定工作，或是由于与劳动局签署了融入协议，因而受公共权力的约束。[②] 其前提与创造就业措施有共同之处。雇员每小时获得 1 ~ 2 欧元的就业补偿，通常由劳动局而不是"就职企业"支付这笔费用。[③] 相反，雇员供职的企业还会获得一笔可观的额外费用，以支付这种雇佣关系

---

① 此为劳动力市场与职业研究所的调查结果，参见《劳动与权利》，2008，第 93 页。

② 联邦劳动法院判决，2008 年 2 月 20 日，第 5 卷，AZR 290/07，《劳动与权利》，2008，第 228 页。联邦社会福利法院判决，2008 年 11 月 13 日，B14AS66/07R。

③ 相关人员另外还获得失业金二号（"哈尔茨四号"）等基本福利保险。

的管理成本。因此，手工业总是抱怨"1 欧元雇员"抢占了正常的工作岗位也就不足为奇了。① 国家还曾经试图在私营企业中推行 1 欧元工作模式。② 但是，接受这种工作并未增加雇员获得正常工作岗位的机会。③

（5）外国廉价劳动力

某些行业中，外国公司派到德国国内的职工工资远低于德国平均工资，带来了许多严重问题。上文④已阐述过此问题，并介绍了《雇员派遣法》的基本特征。该法律在一定程度上控制了压价竞争，但很难实现真正的平等竞争。由于派遣劳动力位于外国社会福利保险体系之内，其保险费率通常低于德国，德国劳动监督部门也无法审查外国雇主应付工资是否确实转入雇员的外国账户

---

① 参见《劳动与权利》，2005，第 19 页。

② 参见《劳动与权利》，2005，第 59 页。

③ 此为劳动力市场与职业研究所的调查结果，参见《劳动与权利》，2008，第 93 页。

④ 第二章第三个问题第四点。

中，因此并不是劳资协议的所有内容都适用于派遣劳动力。

（6）全球市场开放对工资成本造成的压力

随着各国完全或逐步消除关税壁垒，从经济角度来看，将某些生产流程转移至工资成本明显较低的国家是明智的选择。纺织服装业早在20世纪70年代就采取了这种方式，[1] 之后所有行业中都出现了这种现象，这是因为许多国家外国投资的政治与经济风险迅速下降。尤其是中国可支配职工的技能水平与国家行政管理可信度不断提高，中国的劳动生产率逐步向德国水平靠近，加之基础设施建设不断扩大，两国的框架条件也不断接近，因而许多劳动岗位转移至中国，使德国大批劳工失业的现象更为严重。而且雇主方很容易在劳资谈判中

---

[1]　参见弗洛波尔（Fröbel）、海因里希斯（Heinrichs）、克雷耶（Kreye），《国际新分工——工业国家体制性失业与发展中国家工业化进程》，赖因贝克，1977。

使用"回避战略"这一撒手锏,而不用担心遭遇法律问题。[1]

6. 工会的应对措施

面对这一发展趋势,工会的应对空间非常有限。与其他组织一样,工会缺少能够鼓励职工参与集体抗议活动的纲领,在加强雇员地位方面也未取得明显成果,导致会员热情逐渐下降,年轻职工也不愿加入工会。这是导致会员人数减少的一个重要因素。另外,传统上参加工会比例较高(约50%)的工人数量也明显减少,与工会较为疏远的职员数量却不断增加,早已超过了工人数量。我们的社会中越来越流行一种个人主义思想,它受新自由主义意识形态影响,认为加入工会是一种完全不可能的行为。而且迄今为止,工会领导层不善于与媒体打交道,因而也很少出现在电视中。

1991年,德国工会联合会下属工会会

---

① 参见多伊普勒(Däubler),《新法学周刊》,2005,第30页。

员总数达到最高水平，为 1180 万人。[1] 从那时开始，会员人数就持续下降。1996 年底，会员人数还有 897 万人，1998 年降至831 万人。[2] 2003 年，会员人数还有 736.3万人，[3] 2005 年德国工会联合会统计数据显示，会员人数为 677 万人，2010 年仅为 619万人。[4] 由此可见，客观上（即不考虑领导层是否优秀）工会向雇主方施压、顶住压力取得成果的能力逐渐减弱。在这种情况下，很难否认会员人数将继续减少。

工资发展趋势也反映出工会地位的削弱。德国经济研究所的最新调查结果显示，2000～2010 年，在剔除价格因素的情况下（即考虑到通货膨胀率），固定职工的工资净

---

① 《联邦德国统计年鉴》，1993，第 795 页。
② 《联邦德国统计年鉴》，2001，第 732 页。
③ 《劳动法》，2004，第 378 页。
④ 数据参见 www. dgb. de/uber-uns/dgb-heute/ mitgliederzahlen/2010，调查日期为 2011 年 7 月 15 日。

额下降了 2.5%，① 低收入（月收入低于 800
欧元）者的降低幅度甚至达到 16%～22%，
而在收入等级中排在前 10% 的人群的收入却
有一定提高。同一时期的经济增长率为
16.3%，但仅体现在自由职业者收入与资产收
入中。较早的统计结果也与之类似。欧盟委员
会的调查结果显示，2000～2008 年，德国实际
工资数额降低了 0.8%。② 其他欧盟成员国的
工资发展趋势却是向上的：奥地利增长
2.9%，法国增长 9.6%，荷兰增长 12.4%。
英国的实际工资数额增长了 39.6%。③

三　结论

现在需要提出的问题是，在联邦德国的

① 参见 www.tagesschau.de/wirtschaft/geringverdiener100.
html。
② 参见伯克勒（Böckler），《鼓励手册》，2008，
第 1 页，也可参见 www.boeckler.de。
③ 参见伯克勒（Böckler），《鼓励手册》，2008，
第 1 页，也可参见 www.boeckler.de。

不同发展阶段，劳资自治是否实现了第一节中介绍的作用。

1. 参与作用

在会员参与作用方面，曾经非常重要的针对所有会员的意见征询程序其实名存实亡，会员的权利更多是选举地区负责人与代表这一内部参与方式。这些职位大多不太重要，且"意见主导者"通常已提前商定了结果，因此单个会员若不想成为怪异的人或特立独行的人，就只能投赞成票。

政治学界普遍认为，参与选举过程并不是影响组织领导层决定的唯一方式。除了"发声"这一选择之外，还可以选择"退出"，即威胁退会。① 这种方式虽然在个别情况下能够起到明显作用，但按照德国经验来看，并不能完全影响领导层的行为：自1991年以来，虽然会员人数不断缩减，但

① 参见希克（Schiek），载：多伊普勒（主编），《论劳资协议法》，第 2 版，巴登－巴登，2006，引言、注释 208。

并未促使工会理事会真正寻求或实施其他行动方案，以阻止更多会员退会或重新赢回退会者。更多情况下，理事会坚守政策的延续性。虽然众多职业群体已成立独立的工会组织（如医生、飞行员、空管），工会也未反省自身问题，调整施行政策的方向。这或许是因为工会缺乏创造性，也可能因为其别无选择。

2. 经济作用

在经济作用方面，工资与其他劳动条件其实是在行业或企业层面上分散决定的。因此按照各行业经济地位的不同，工资水平也各不相同。工会（为数不多的）组织率也是一个影响因素。该体系任何时候都可以对经济状况变化作出反应，因此具有一定的灵活性。这尤其体现在雇主企业或整个行业面临经济困境时，人们可制定一系列的应对措施。1969 年 9 月罢工与 1973 年罢工那样的情况未重演过。即使在经济上升阶段，企业也不会承受过重负担。但需要研究说明的是，为什么在过去十年中，经济增长率总计为 16.3%，而工资却下降了 2.5%。

3. 政治作用

这一状况可能源于劳资自治的第三个作用，即对社会和平的贡献作用。实际上，在过去六十多年中，任何一届政府在处理国内工资水平是否适度，或是否必须确定另一工资水平的问题时从未遇到过问题。当前，德国国内要求仿照英、法两国制定普遍最低工资标准，但政治界仅将这一要求作为像环境保护或提高税率等问题一样来提出，德国至今还未因最低工资标准举行过抗议罢工等企业活动。

4. 额外作用：工会成为经济政策导向性决策的实施手段

在过去十年中，德国工会联合会下属工会为何采取这种防御性政策，甚至接受实际工资明显下降或会员人数缩减的状况呢？针对这一问题，本书并未进行深入讨论，但笔者认为以下论断较有说服力：

与其他工业国家相比，德国在 2000～2002 年的工资成本相对较高，因而（普遍观点认为）对德国经济发展产生了消极影

响。然而实践中不可能通过制定法律一次性
降低原有工资水平，否则必然招致普遍反对
（而且违背《基本法》第9条第3款规定的
劳资自治权）。因此，施罗德政府选择了另
一条路。通过制定所谓的哈尔茨法律，便于
雇主使用成本低于普通劳务的派遣劳务。同
时，由于雇主可以威胁职工将使用派遣劳务
或向国外转移企业部门，因而控制了名义工
资上涨。而且，可能造成的失业将给职工带
来更大损失，因为失业金支付时间将缩短，
且失业一年后仅能获得极少的失业补助
（"哈尔茨 IV"）。所有这些措施使得担心失
业的职工与工会接受工资少量增长、无法维
持实际工资水平的结果。因此在众多行业实
现了降低德国工资成本、增强经济竞争力的
目标。

　　为何工会愿意接受这一政策，仅在必要
时进行口头抗议呢？为何他们允许政府间接
"远程遥控"其劳资政策呢？人们也很少提
及这一问题，因为这是一个"敏感"话题，
仅能通过与有关人物秘密会谈、研究未公开

的书面资料才有可能真正洞悉其原因。但笔者仍然试图给出一个答案。

1949年德国工会联合会成立之初，联合在其中的工会将社会主义制度定为指导纲领。虽然现在与当时的情况完全不同，但工会仍然明确将改变社会状况作为奋斗目标，例如追求社会创造价值的平均分配，或为雇员谋求更多共决权利。事实上这些纲领性的口号并未起到明显效果。工会领导层更像是一个从根本上协助政府实施重要决议的机关。应该怎样解释纲领与实际行动之间的差异呢？

● 通过联邦德国成立后前25年的努力，实现了多数公民对国家的基本忠诚，即使在困难时期，这种忠诚也不会改变。工会也表现出公民的这一普遍立场。

● 施罗德政府选择的道路主要以牺牲那些非工会会员或少数工会会员的雇员利益为代价。派遣雇员中的工会会员人数极少。失业者也同样如此，虽然他们完全有可能保留工会会籍，且仅须缴纳象征性的会费。

● 冲突政策将给工会会员，但主要是工会领导层代表带来更多损失。惧怕损失是德国的一种普遍心态。许多德国人认为生活主要由威胁组成。社会学家乌尔里希·贝克（Ulrich Beck）撰写的《风险社会》一书引起了广泛共鸣。与当权者产生冲突或试图改变社会是否会造成更大风险？即使对工会决策者来说，答案也是明确的："不会"。

● 如上文所述，德国工会联合会下属工会的组织原则为统一工会。这意味着原则上每个雇员都能成为工会会员。只有明确表示拥护法西斯的雇员不能加入该组织。德国工会联合会下属工会包括不同党派的追随者。多数会员与决策者倾向于社会民主党（SPD），但在8个行业工会中，每个工会的理事会中都有基督教民主联盟（CDU）成员。另外还会有绿党成员、左翼党成员及少量共产党员。后三个党派的成员更倾向于追求纲领目标的实现，因此经常令其他人"不太舒服"。但并未制定维护他们利益的规定，例如理事会必须包括这些党派的成员。

工会与两大党派的关联导致工会可以通过会谈影响这两个党派的发展，或至少有可能施加影响。因此工会成为政党游说组织。如果工会与政府产生直接冲突，将对这一作用造成威胁。

● 德国工会活动的法律框架比西欧其他国家更加局限。例如按照现行司法判决，工会只能以改善劳资协议为目的组织罢工。为反对裁减养老金等非社会性质的发展而举行罢工将被视为违法。与在意大利不同，反对政府或议会决议举行的罢工将被视为违法。因此，会商这一方式具有更加重要的意义。

● 工会对于如何改善社会状况并无明确计划。平均分配财产这一诉求也许在道德层面上非常合理，但这一口号想要具有说服力，必须同时指出实现该目标的可行性道路。到目前为止，工会并未做到这一点。更简单的方法是同意政府与企业间达成的一致协议，并要求在个别地方作细微调整。

● 最后一个因素与劳动关系直接相关。

如上文所述，企业职工委员会通过参与劳资委员会能对工会劳资政策施加巨大影响。但从其选举与组成来看，它从属于某一特定企业。它的自身利益在于保障"其"企业的经济发展与工作岗位稳定。因此，企业职工委员会的立场具有企业经济学的色彩，其提出的要求比较保守，为的是避免将"自己"公司带入困境。

所有这些作用都导致劳资自治并不是真正意义上的自治。德国经验表明，雇员利益的代表机构只能在一定范围内活动，虽然法律上并未如此规定，但事实上这一局限导致其不能与现行经济政策或现存经济制度产生重大冲突。

第五章
企业职工委员会介入劳资
协议未规定领域

一 劳资协议未涉及的工资问题

即使在工资领域，劳资协议也不能涉及单个企业可能出现的所有问题。下文将列举劳资协议并未考虑、但企业职工委员会享有共决权的三种情况。

● 几乎所有行业都有劳资协议未涉及的职员（缩写为 AT 职员）。他们通常是领导层人员，其工作类型决定了劳资协议规定的工资等级不适用于他们，其工资数额一般也高于劳资协议中规定的最高工资等级。

●在许多企业中，雇主会向雇员支付劳资协议未规定的津贴或报酬。在经济景气时期，这种劳资协议以外报酬的支付情况非常普遍。这么做的意义在于尽量增强职工与企业的联系，并向职工以及公众强调企业的社会福利性质。也有可能是因为职工威胁企业，若企业获得高额利润却不支付额外报酬，职工将"拒绝合作"。

●还有一些企业虽然设有企业职工委员会，但其雇主不受劳资协议约束：他们从来都不是雇主协会会员，工会也无力迫使其签署公司劳资协议。

上述所有情况中，都存在一个问题，即企业职工委员会是否享有共决权，以及能在何种程度上影响企业的工资政策。这一问题之所以重要，也是因为在出现不可调和的分歧时不能举行罢工，只能启动调解委员会程序，进行强制调解。

二 企业职工委员会的共同决定权

1. 基本出发点

企业职工委员会在工资领域享有两种共决权。

《企业组织法》第 87 条第 1 款第 10 项规定，企业职工委员会有权共同决定"企业工资体系结构，特别是定薪原则的确定，新定薪办法的引入、使用或变更"。

这意味着共决权仅针对雇主支付某一报酬的标准及方式，并不针对报酬的数额。

《企业组织法》第 87 条第 1 款第 11 项规定，共决权也可针对"计件、奖金数额以及与劳动成果挂钩的类似报酬，包括计件工资在内的规定"。由于绩效工资数额取决于个人表现，特别容易导致雇员过度劳累，从而危害雇员健康，因此企业职工委员会必须参与决定。在该领域中，企业职工委员会也可参与决定报酬数额。

在上述两条规定中，"工资"这一概念

的含义很广，包括雇主支付的金钱与实物报
酬的总和，也包括支付通常劳资协议未规定
的廉价机票①、租房补贴②与职工股份③，
还包括自愿支付未写入劳动合同的报酬，但
保留撤销权。唯一不包括的是单纯的支付补
偿，因为这不是雇主向劳务支付的报酬。若
支付补偿超出了税法认可的数额，将被视为
报酬的一部分，共决权便可适用于该报酬。

　　按照《企业组织法》第 87 条第 1 款第
10 项与 11 项的规定，只要劳资协议实际已
规定了某一问题，共决权便不能干涉其中。
按照《企业组织法》第 77 条第 3 款的规定，
针对这类问题缔结的企业协议也无法律

---

①　联邦劳动法院判决，《劳动法实践》，第 18
　　号，关于 1972 年《企业组织法》第 87 条，
　　工资体系组成。

②　联邦劳动法院判决，《劳动法实践》，第 19
　　号，关于 1972 年《企业组织法》第 87 条，
　　工资体系组成。

③　联邦劳动法院判决，《劳动法实践》，第 6
　　号，关于 1972 年《企业组织法》第 88 条。

效力。

2. 劳资协议未涉及的职员

这一名称已表明其不受劳资协议约束。司法判决认定，共决权也可针对单个薪酬等级的设立与各等级间薪酬差距的确定。因此可以为"小组组长"和"部门领导"分别设立一个薪酬等级，同时确定部门领导的收入比小组组长高 25%，但不能等同于劳资协议中最高工资等级。[①] 例如，小组组长的收入不可能比劳资协议规定的最高工资高20%。该领域中最重要的是针对目标协议的共决权。

例如：所有劳资协议未涉及的职员每年与人事经理签署目标管理协议。若实现了预期目标（例如将顾客合理投诉数量降低10%），相关职员将获得一个月的奖金。决定预期目标是否实现的是其直接领导，后者

---

① 联邦劳动法院判决，《劳动法实践》，第68号，关于 1972 年《企业组织法》第 87 条，工资体系组成。

负责决定怎样的顾客投诉"不合理"且可忽略。企业职工委员会可以援引《企业组织法》第87条第1款第10项规定的"定薪办法",要求必须由小型委员会、一名"中立者"或企业职工委员会自己来决定预期目标是否实现。由于这里涉及的是与劳动成果挂钩的报酬,第11项也适用于此,因此企业职工委员会有权共同决定当实现预期目标后,雇主将向职员支付月工资的50%、100%还是150%的奖金。

3. 超出劳资标准的报酬

雇主向雇员支付额外的、超出劳资协议规定的工资标准的报酬,应分为以下几种情况:

若某一支付形式早已写入劳资协议,则企业职工委员会无权参与决定。按照《企业组织法》第77条第3款规定,自愿签署的协议也无效。例如劳资协议规定加班补助为工资的25%,则企业职工委员会不能协商决定补助数额应为40%。立法者并不希望企业职工委员会成为一种"工会替代组织"。事实上，企业职工委员会通过与雇主（进行所谓的企业协商）达成非正式协议，之后再相应补充劳动合同来规避这一禁令。这么做完全没有难度：雇主支付额外报酬后，雇员通过继续正常工作表明他们默许修改劳动合同。

若某一支付形式并未写入劳资协议，原则上，企业职工委员会有权参与决定。若不考虑《企业组织法》第87条第1款第11项规定的绩效工资形式，这一共决权并不针对雇主支付的报酬数额。更多针对的是，雇主提出的报酬总额应该按照何种标准进行分配。例如一家大型企业每年为职工入职周年纪念花费100000欧元，那么企业职工委员会有权参与决定职工入职几年后可获得这笔钱（例如入职10年后），或入职25年（或20年）后可获得这笔报酬。决定报酬数额时应该以不超出雇主提出的报酬总额为前提。企业最重要的支出是用于补充法定养老金的企业养老金。按照第87条第1款第10项的规定，企业职工委员会有权参与决定企业养老金的发放标准。

4. 无劳资协议的企业

若雇主不受任何劳资协议约束，其情况与劳资协议未涉及的职员基本相同：企业职工委员会有权参与决定引入适用于所有职工的企业"工资制度"，即决定设立哪些薪酬等级，各种劳动属于哪一薪酬等级，以及各等级间的薪酬差距，但不能决定报酬的具体数额。当然共决权也适用于雇主愿意支付的所有额外报酬形式。薪酬等级的设立通常以劳资协议体系为标准，这是因为重新构建薪酬体系需要耗费巨大成本。

三　共同决定程序

当企业职工委员会就某一工资问题（或共同决定的其他领域）与雇主进行谈判时，应遵循与缔结劳资协议完全不同的规则。

1. 谈判

《企业组织法》第 74 条第 1 款第 2 项规

定，企业职工委员会与雇主应"秉持力求
达成一致的真诚意愿"就争议问题进行谈
判，并为消除意见分歧提出建议。而法律上
并无法检验"力求达成一致的真诚意愿"
是否真实存在。因此该法律规定更多的是一
种呼吁，而不是强制义务。若毫无缘由地拒
绝谈判（实际上从未发生过），可能会严重
违背《企业组织法》规定的义务，从而受
到《企业组织法》第 23 条第 1 款（开除企
业职工委员会成员）及《企业组织法》第
23 条第 3 款（向雇主处以罚款）中规定的
惩罚。但没有法律规定将对假装谈判进行制
裁。

　　这类谈判可根据谈判内容与迫切程度耗
费很多时间。谈判中可能也会邀请专家参
加，以支持相关方立场。按照《企业组织
法》第 80 条第 3 款的规定，企业职工委员
会必须经过雇主同意才能邀请专家参与谈
判。若雇主拒绝这一要求，企业职工委员会
可启动劳动法院判决程序，由法院代替雇主
同意这一要求。若雇主本身邀请了企业外专

业人士协助谈判，企业职工委员会也很有可能获得专家协助。如果情况并非如此，法院通常对企业职工委员会这一要求持怀疑态度。但不管该程序结果如何，都会在很大程度上延长谈判时间。因为该程序将经过两级法院审议，到法院最后作出具有法律效力的判决需要一年左右的时间。雇主不仅需要支付其聘请律师的费用，还需支付企业职工委员会的律师费用。

若谈判双方交换了所有重要观点后仍未达成一致结果，任何一方都可以求助于调解委员会。

2. 调解委员会的组成

调解委员会由企业职工委员会与雇主两方各派出相同数量的代表组成。另外还设有一名中立主席，实践中通常由劳动法官"兼职"担任这一职务。

企业职工委员会与雇主间可能就各方派出陪审员的数量以及由谁担任主席一职产生争议。企业职工委员会通常愿意成立大型调解委员会，因为这样才能指定企业外的代表参加。通常将指定一名对相关领域劳动岗位评估非常熟悉的劳动学专家、一名法学家与一名企业职工委员会成员担任陪审员，这样谈判时陪审员才能充分掌握所有企业内部信息。雇主通常对此持怀疑态度，认为事情本身并不复杂，指定一名陪审员足矣，两名也可以接受。另外双方还会因主席人选产生争议。特定的法官、教授、律师等备选人都（公正或不公正地）持有偏向雇主方或雇员一方的公开立场。因此，这些人选可能遭到双方中一方的反对。

　　双方可向劳动法院申请对这两个问题——陪审员数量与主席人选——作出最终决定。为加快审判程序，主管法院的职业法官须在没有两名名誉法官协助的情况下独自作出判决。陪审员数量取决于争议问题的复杂性。主席一职通常由一名迄今为止未参与任一方事务的人选担任，一般情况下指定的是与双方都无联系的另一劳动法院的劳动法官。

　　不满意该判决的任何一方都可以向州立

劳动法院提起上诉。仍然是由一名职业法官独自裁决。这一程序又将持续数月，正好符合想要阻止迅速裁决那一方的期望。如果企业职工委员会认为现行的劳资制度公正合理，雇主推行的新规定将给职工造成损失，就会穷尽一切可能的诉讼程序，从而争取时间。

3. 在调解委员会中进行谈判

双方一致指定或由法院指定的主席在与各方协商后约定首次会议的时间。该会议通常在企业内举行，也可能选择一家酒店举行。谈判并不向外界开放，只有在调解委员会同意的情况下才能聘请咨询者或专家出席。

首次会议的任务主要是使主席了解双方立场。主席通常会提前一段时间获得双方的相关资料，以便为会议做好准备，但经常也会产生一些疑问。也有可能一方并不了解另一方提到的事宜，因此须向对方解释，以便其对此表态。主席经常会在会议结束时要求双方提供更多资料。

　　第二轮会议开始时，主席通常会询问双方是否准备好了所需资料。之后由双方陈述，概括性介绍各自立场及主要观点。但该程序经常不按规定形式进行。一方的陈述经常被另一方打断，后者不仅会发表一些观点，还可能进行长篇大论。这在一定程度上取决于主席是否想严格掌握谈判进度，还是任由双方拖延时间。但更多是因为主席希望双方"最终"向另一方袒露"所有实情"后，双方将更愿意达成一致。德语口语中将此称为"清空腺囊"，之后人们才会感觉舒适，从而更愿意达成一致。但如果双方——企业职工委员会主席与企业领导之间存在个人恩怨，都认为对方虚伪、奸诈、阴险的话，这一策略就毫无意义。这种情况下双方将互相谩骂，几近侮辱对方，使谈判气氛更加糟糕。

　　在这种情况下更能迅速发现双方的敌对态度。当双方明显无法达成一致时，富有经验的调解委员会主席通常会分别与双方会谈。这样不仅能平息会谈中的激烈矛盾，更能准确估计双方的妥协余地与实际"底线"。若想促使双方考虑作出妥协，主席可向他们指明将达成的谈判结果：如果双方无法达成一致，将会启动投票表决程序，而主席在该程序中起到决定性作用。因此主席可以慎重暗示其中一方，他可能支持另一方的立场。这种权衡利弊的方式通常会促使一方就某一争议问题提出和解方案，由主席转告另一方，另一方也许会接受这一方案或提出另一方案，因为他并不愿意最终沦为少数派。

在某些调解委员会中，可能原则上只能产生"非黑即白"的谈判结果，导致一方完胜，另一方完全失败。这一结果非常糟糕，因此遇到这种情况时，人们会将更多问题纳入谈判，即"扩大蛋糕"。例如，如果双方对雇主建议实施的岗位评估体系明显没有异议，可以就支付补贴、接受学徒入职等其他问题继续进行商谈；这些问题的解决虽然不可强求，但表决结果的不明朗，会使相关方通常接受主席提出的相应建议。

通常需要进行多轮长达 12 小时的谈判后才能达成一致。

4. 谈判结果与谈判造成的费用

约有 90% 的调解程序的结果是双方达成和解。多数情况下双方会签署一份企业协议，但也可以选择由调解委员会作决定的形式，也能产生相同效果。

在另外 10% 的情况中，最终将启动投票表决程序（通常称为"决定"），但其中情况各不相同。

一种情况是得票较多的一方虽然同意决定内容，但因顾及其他各方立场，不愿投赞成票。例如一家由国家资助的研究机构计划向在职已婚年轻科学家支付"已婚补贴"，补足家用。但国家希望遵循某一劳资协议的规定，不支付该补贴。由于研究机构拥有足够的自有资金，完全有能力支付这笔额外报酬。因此调解委员会中雇主代表乐见劳方与主席组成的"联盟"得票占多数。同样的情况也会出现在雇员一方：例如三家企业将要统一的企业养老金标准，对其中最大的企业意味着进步，对另两家企业却是一种退步。虽然劳方代表认为新规定是合理的，却不愿投赞成票，以免与其中两家企业的职工产生矛盾。因此他们完全不会拒绝反对该规定。

另一种情况是，矛盾确实仍然存在，但得票较少一方完全不同意调解决定。他有权向劳动法院提出该决定无效，并以决定违反某一法规为由，例如违反同等待遇原则，或指出调解委员会中的多数派仅考虑到了另一方利益。起诉是否有望成功，要视个案具体情形而定。该程序可能经过三审，直到上诉至联邦劳动法院。

调解委员会以及可能的后续庭审程序的费用由雇主承担，因为企业职工委员会没有财产，因此也没有自有资金。该费用数额非常巨大。主席的时薪通常为 200～400 欧元（准备时间与构思建议的时间也计算在内）。一些必要的旅行时间的报酬通常为一半时薪。企业外部陪审员的时薪为主席的 7/10。其中雇主方律师的费用通常更高。若举行多轮会议，调解委员会的全部费用总计可达30000 欧元或 50000 欧元。因此许多企业害怕启动调解委员会程序，更愿意事先达成和解——这种强迫和解的途径非常有效。劳动部曾经试图控制调解委员会的酬金，但至今未取得成功。

四　应用于劳资谈判？

　　"强制调解"在企业职工委员会与雇主间冲突中的成功实践，促使人们认为也可以在劳资谈判领域采取相同方式，但在德国这行不通。从术语上看，调解委员会程序与强制调解程序毫无联系。但这并不能阻止人们开始思考，为什么在某些领域运行良好的程序不能应用于其他领域。

　　这一尝试首先遇到的是宪法条文方面的障碍。根据联邦宪法法院的司法判决①以及

---

　　①　联邦宪法法院判决，第 18 号，第 18、30 页。

司法文献中①的一致观点，强制调解程序违反了《基本法》第 9 条第 3 款规定的结社自由权。《基本法》第 9 条第 3 款第 3 项指出，即使在紧急状况下也不允许干预劳资谈判各方进行（符合一般原则的合法）劳动

---

① 参见贝尔格（Berg）、普拉托夫（Platow）、硕夫（Schoof）、温特新宁霍芬（Unterhinninghofen），《劳资协议法与劳动斗争法》，2010，注释 227。艾尔夫克 - 迪特里希（ErfK - Dieterich），《基本法第 9 条》，注释 70、286。加米尔史克（Gamillscheg），《集体劳动法》，第 1 卷，慕尼黑，1997，第 312 章 c 节 2 项，第 1304 页。基瑟尔（Kissel），《劳动斗争法》，慕尼黑，2002，第 70 章，注释 26。奥托（Otto），《劳动斗争法与调解法》，慕尼黑，2006，第 22 章，注释 14。莱姆（Reim），载：多伊普勒（出版），《劳资协议法》，第 2 版，巴登 - 巴登，2006，《劳资协议法》第 1 条，注释 132。凯姆普（Kempen）、萨赫尔特 · 萨赫尔特（Zachert-Zachert），《劳资协议法》，第 4 版，莱茵河畔法兰克福，2006，第 1 章，注释 634 等。

斗争。司法文献对此也不持异议。①

其次，这有损于上文阐述的劳资自治的作用。雇员不再认为有权亲自参与制定工资与劳动条件，劳资谈判结果将由第三方强制规定。这本应招致严重抗议，但现行劳资体系决定了抗议并不会产生。

即使现在国家有别于魏玛时期，对聘请调解人持保守态度，但仍会遭到抨击，因为国家构建的体系不符合公众的期望。如果雇员从报纸上得知 2010 年工资水平比 2000 年低 2.5%，他们将作何反应？工会将进行严厉抨击，并指出这一社会退步正是由于雇员利益代表机构的势力发展受到了阻碍所致。调解人过度寻求和解以及拥护雇主方的鲜明立场应对这一结果负责。这可能导致群众喊着言辞激烈的口号（"消灭剥削者"）上街游行。人们对（可能对德国企业的国际竞

---

① 分析参见多伊普勒（Däubler），载戴斯（Des）（主编），《劳动斗争法》，第 9 章，注释 56。

争力产生积极影响的）工资成本下降的接
受能力明显降低，劳资自治权的政治作用受
到持续影响。这也可能是雇主方对强制调解
体系也不抱有好感的一个原因。因此，虽然
该体系在企业职工委员会与雇主方之间产生
日常小冲突时运行良好，但远远不能在制定
工资成本等"宏观决策"中达到类似效果。

第六章
跨国集体谈判展望

一 问题

是否可以通过跨国劳资谈判应对开放市场对工资及劳动条件施加的压力？《雇员派遣法》① 仅规定派往德国的"廉价劳动力"应遵循工资与劳动条件方面的部分规定，即避免差距过大，因此仅触及了该问题的一部分。是否可以再向前深入一步，力求制定欧盟或世界范围内的统一条款呢？

---

① 参见上文第二章第三个问题第四点。

二 欧盟劳资协议？

即使在欧盟内部，几乎所有行业都对制定跨国劳资协议避之不及。其原因是多方面的：

● 社会标准高低不同。欧盟"老成员国"（例如德国与葡萄牙）之间本就存在一定差距。随着中欧与东欧国家加入欧盟，这一差距更是不断扩大。例如，若将立陶宛或罗马尼亚的低工资提高 50％，将会损害其成本比较优势。

● 劳动法及劳资实践在国家组织中的地位十分牢固，无论是决策者还是组织成员都不愿放弃其中的一部分，就共同行动达成一致。

● 目前缺乏具有行动力、能协商制定各国五金行业雇员或医院护士统一工资标准的组织。欧洲工会联合会是各国分会的上级组织，其成员是各国工会的顶层组织。各行业组织无权代表各国分会采取行动。

●同时还存在法律层面上的障碍。各国执行统一劳资协议时将遵循本国劳动法规定。这在许多情况下将导致各国对协议的解释并不相同，从而产生不同法律效力。迄今为止并不存在《欧洲劳资协议法》。[①]

但这并不意味着我们只能悲观观望。目前至少存在两种途径，可从一定程度上实现跨国规定。

●各国工会或企业职工利益代表组织可在单个企业集团层面上商讨某些问题，以便与企业集团谈判时提出这些问题。很早之前各国便开始重视建立欧洲范围内的磋商程序或成立欧洲企业职工委员会。[②] 自 1994 年

---

① 基于《欧共体条约》第 139 条第 2 款（现在的《欧盟工作方式条约》第 155 条）规定的社会对话框架内协议的想法参见希克（Schiek），载：多伊普勒（主编），《劳资协议法》，引言，注释 791。

② 戴普（Deppe）（主编），《欧洲企业职工委员会》（内有多篇经验报告）。

的《欧洲企业职工委员会准则》[①] 生效以来，所有大型企业都必须签署相应协议，制定"欧洲化"的最低标准。[②] 同时成立的欧洲企业职工委员会在一定程度上成为企业集团领导的真正谈判对象。[③] 谈判内容主要不是工资以及其他劳资谈判的传统话题，更多是保留某些生产基地等话题。汽车制造业中尤为如此。

[①] 1994 年 9 月 22 日制定的《94/45/欧共体关于成立欧洲企业职工委员会或在跨国企业及企业集团中创立雇员培训与旁听程序的准则》(1994 年 9 月 30 日官方公报，第 I. 254/64 号)。

[②] 至少拥有 1000 名雇员，其中至少包括 2 个成员国各 150 名雇员。

[③] 细节参见多伊普勒（Däubler）、基特勒（Kittner）、克雷伯（Klebe）、 （韦德）Wedde，《评企业组织法》，第 12 版，莱茵河畔法兰克福，2010，Kommentar zum BetrVG, 12. Aufl., Frankfurt/Main 2010，前言中有关《欧洲企业职工委员会法》的部分，注释25。

• 另一种途径是在某些行业中首先协调劳资谈判时间，然后在一定程度上协调谈判内容。如果各国能够同时就提高工资标准、缩短劳动时间或拒绝大批裁员等问题进行谈判，就避免了企业利用各国职工互相挤压：现在常用的罢工时将生产暂时转移至另一国的做法将不再有效。① 相互协调并不意味着必须统一各方提出的要求。各国职工利益代表组织的"自主权"得以保留。这种"自下而上的国际主义"比在最高层面上缔结协议更为可行。

三　全球劳资协议？

航运业是缔结跨国劳资协议方面的先行者。这首先源于极为恶劣的劳动条件：世界

---

① 建筑业中对劳资政策的协调参见褒曼（Baumann）、劳克斯（Laux）、施耐普（Schnepf），《经济与社会科学研究所报告》，1997，第 134 页。

上航行的半数左右的船队悬挂的是塞浦路斯、利比亚、洪都拉斯、安提瓜岛等国的所谓方便旗，但这些国家根本不对这些船队实施有效监管。正如笔者已在其他文章中介绍的，① 国际运输工人联合会制定了一份劳资协议范本，约三分之一的方便旗船的船主接受了该协议。其中规定的劳动条件标准介于发展中国家平均水平与工业国家平均水平之间。不接受该协议的船主在某些港口可能会遭到当地码头工人抵制。若码头工人拒不卸货，仅港口费一项就将造成巨大损失。这种方式在许多地区行之有效的原因是这份劳资协议范本规定方便旗船只船员不允许承担码头工作，因此船员不能对码头工人构成"廉价竞争"。其他领域，如长途运输业也在开始效仿这一做法。

---

① 多伊普勒（Däubler），《缔结全球劳资协议的斗争——德国劳动法在改善方便旗船只劳动条件方面的问题》，巴登 - 巴登，1997。

第七章
对中国工资集体协商的思考

一　德国制度能否照搬至中国？

有些研究者可能会由此得出结论：有必要在中国构建与德国相同的劳资谈判制度。我们必须坚决反对这一观点。

劳动法的根源深植于国家传统。它源于历史上发生的、与其他国家不同的争论。企业固定职工和雇主对于企业以及社会如何良好运行有着各自独特的视角，而其他国家企业、社会的运行机制则可能完全不同。法律在不同国家的重要性也大相径庭。当一些国家倾向于用法律解决大部分问题时，另外一

些国家却极少运用法律手段，而是依照不成
文的惯例解决多数争端。政治环境也各不相
同。仅这些关键词已表明，劳动法中的法律
制度并不能简单地移植到另一个国家。例如
试图将德国企业职工委员会"出口"到非
洲的试验已经失败。非洲虽然建立了与德国
非常相似的法律规范，但并未严格执行。[①]

　　但研究国外制度仍然很有意义，可以从
中找出解决问题的思路以及能够为本国所用
的经验。[②]那么德国劳资谈判概述对我们有
何启示？笔者将在下文就此进行详述。

---

① 奥利弗（S. Oliver），载霍兰德（Höland）等
（主编），《雇员在全球化职业世界中的参与
作用——曼弗雷德·魏斯（Manfred Weiss）
纪念文集》，柏林，2005，第451页。
② 参见多伊普勒（Däubler），《全球化世界中的
德国劳动法律师》，载埃尔德、法比安
（Erd/Fabian）等（主编），《劳动法激情，
不安分一代的经验——托马斯·布兰克
（Thomas Blanke）纪念文集》，巴登-巴登，
2009，第111页。

二 职工拥有平等机会的工资协商

1. 以雇员利益为导向

只有当雇员一方也成立一个以职工利益为导向的组织时，才有可能实现公平的工资协商。仅在工会法或工会章程中确立工资协商的地位是不够的。我们还必须在实践中构建一个能够作为行为准则的体制。"以雇员利益为导向"并不意味着雇员利益绝对至上，且完全忽视公众利益。一个优秀的谈判者必须能够时刻站在对手的立场上，考虑对方的压力与选择余地。

在市场经济中，以职工利益为导向的组织是不可或缺的。与计划经济体制不同的是，市场经济中的企业被迫投入尽可能少的资金和其他成本，实现尽可能高的经济产值。换言之：竞争压力迫使企业尽量控制工资成本。因此，企业家与经理支付给职工低工资通常并非源于他们主观恶意。[①]只有当职工中的反作用力充分释放，并且不单在单个企业层面上，而是在整个行业或经济体的层面上对这一反作用力加以协调，我们才有可能实现"让步"。因此，下文主要针对的是国内外的私有企业，而非遵循其他运行准则的国有企业。

2. 不参与管理

如果工会中最重要的负责人同时也是企业管理层人员，就无法以职工的利益为导向。主要并非因为该负责人的工资通常远远高于他所代表的群体，且人们必须遵循"（经济）存在决定意识"这一古老准则，而是因为他参与制定的决策，恰恰可能是职

---

① 有兴趣可参见马克思、恩格斯（Marx/Engels），《神圣家族——马克思、恩格斯著作》（德文版）第 2 卷第 37 页："有产阶级和无产阶级同是人的自我异化"。也可参见艾昂斯特·布洛赫（Ernst Bloch）《自然权利和人类的尊严》，莱茵河畔法兰克福，1972，第 178 页。

工反对的。虽然有时情况并不如此，但他也
不愿成为反对派的领导者，进而影响他与其
他管理者间的私人关系。这里我们也必须遵
循一个原则，即企业工会与其他工会一样，
必须完全独立于对方利益代表。要实现工会
利益代表组织与管理层的相互独立，最简单
的方式是通过一定方式规范利益代表者的收
入（例如限定其工资仅为企业平均工资的
1.5倍），并由工会委员会现有成员自行表
决，是接受该条件，还是选择长期参与管理
层工作。

3. 定期选举

有效代表职工利益的前提条件还包括定
期选举职工中的"发言人"与"代表"。管
理层成员不能成为候选人。选举必须秘密进
行，并尽量不受第三方影响。只有这样，才
可能确保当选者是致力于有效维护职工利益
的人。但遵循这一原则通常并不容易，例如
联邦德国举行工会内部选举的经验表明，来
自高层的"建议"通常会起十分重要的作
用。但是企业职工委员会的选举有所不同，

《企业组织法》第 119 条第 1 款第 1 项规定，雇主如果向某一特定候选人群提供物质或精神支持，将会受到惩罚。

4. 个人的法律地位

选举产生的职工发言人必须获得保障，不用担心在与管理层陷入对立状态时，遭受个人损失。该保障的前提是解雇保护与调职保护。

德国企业职工委员会规定，解雇一名企业职工委员会成员的基本前提为，该成员严重违背其劳动合同中规定的职责，并且企业职工委员会同意解雇。[①]　若该成员拒绝被解雇，雇主可向劳动法庭起诉，并由后者裁决被解雇者是否确实存在严重的渎职行为。劳动法庭诉讼程序（若经过两次审理）通常持续一年或一年半。在此期间，因为解雇决定尚未生效，企业职工委员会成员可继续工作。该全面解雇保护的唯一例外情况是，整

---

①　《企业组织法》第 103 条、《解雇保护法》第 15 条。

个企业被关闭，或该企业职工委员会成员就职的企业部门被关闭，且该成员不可能在其他部门工作。在这种情况下，与其他雇员一样，该成员可由于经济或组织原因被企业合法解雇。与解雇保护类似的调职保护仅针对一种情况，即企业职工委员会成员被调职至同一企业的另一工厂或同一集团的另一企业，从而失去企业职工委员会的成员席位时，可受到调职保护。此外，《企业组织法》第78条规定，禁止因为企业职工委员会的工作性质给予歧视或优待。

另一个关键问题是时间。一个利益代表机构真正着手研究并处理工作岗位上产生的问题需要时间。因此仅由一名"发言人"脱产（或由一名非企业员工的工会雇员）处理问题是不够的。选举产生的利益代表机构中的所有成员都必须占用工作时间行使各自职能。如果占用其休息时间，按照德国的理解，他将受到与未担任该职务雇员相比不公平的待遇。也有可能许多人尽量避免牺牲休息时间，导致该工作实际只由"发言人"

独自承担，其他人的经验与愿望未能充分参与进来。

企业职工利益代表机构还必须有权从雇主处获得完成任务所需的一切信息。恰恰由于他们的要求有时与雇主意愿背道而驰，雇主经常不愿提供必要信息。当然，利益代表机构也能从互联网等其他渠道获取信息。利益代表机构还应该享有培训机会，以胜任企业工作。多数欧洲国家都为该工作预留了一定的准备时间。

职工利益代表者在企业层面上与工会平等（如德国的企业职工委员会、法国的企业委员会、西班牙的公司委员会、荷兰的劳资联合委员会），上述内容均为欧洲制定的、有利于他们的规则。人们相信这些规则也可以用于企业选出的工会利益代表。若要在欧洲范围内为此找出一个典范，当数瑞典。

5. 经济回旋余地?

在市场与政治方针确定的框架内，企业享有自由决定权。因此企业可以选择不同的经济策略，并发挥自身的积极性，这与中国宪法中确立的党的领导地位并不矛盾。企业内部的职工利益代表者只能在企业所拥有的空间内施加影响，即要求更加重视职工利益。这并不违背所谓的宪法原则。只有当人们试图逾越宪法，例如联合众多企业共同质疑政府在经济政策方面的决议，才可能产生冲突。

三　罢工——制造社会动荡的一种方式？

只有当雇员一方利用罢工这种施压手段，促使雇主方坐到谈判桌前，并作出让步，才可能真正就工资（与其他工作条件）展开谈判。在德国，罢工是一个重要的幕后角色，所有谈判方都认识到它的存在，却从不明确谈论它。在其他工业国家，罢工更是一种常见现象。但任何国家的罢工规模造成的损失都不及一个额外假日造成的工时损失。如上文所述，① 2004～2007 年间，在加拿大这个

---

① 　参见第三章。

"最爱罢工"的国家，每 1000 名雇员的罢工时间共计 182 个工作日，人均罢工时间还不足 1/5 个工作日。因此，罢工的经济影响在整体国民经济考量中可以忽略不计。

其实罢工还具有社会心理学方面的重要意义。欧洲研究者认为，罢工暂时中断了企业中命令与服从的关系。换言之：它影响了职工与管理层之间的和谐关系。但这只是不考虑其长期影响时的暂时现象。德国经验表明，相对于国家的工资规定，通过自己的职工利益代表者谈判获得的工资谈判结果更易被接受。而单个职工通过罢工亲身参与的谈判结果要比没有职工亲自参与的结果更为和谐。从某种意义上来说，罢工可比作"净化空气的雷雨"。否则人们该如何解释，2000～2010 年间德国实际净工资下降了 2.5%，却未发生一次声势浩大的抗议活动。笔者不知道当中国的生活水平下降幅度如此之大时，雇员会作何反应。

在社会变革时期，人们对社会众多领域的现状不满，就可能举行大规模罢工行动，从而威胁政治稳定。例如，1976年后的西班牙，罢工突然获得合法地位，多数雇员认为，从此可以从当时那种服从状况中解脱出来，因而举行了全面大罢工，这使民主选举出的政府也陷入困境。笔者并不认为中国企业中的劳资冲突会导致这样的后果。没有人会将中国引导工资协议的工会视为一个试图从根本上质疑或颠覆现存制度的机构。

　　上文所述是作者的一些思考，仅为抛砖引玉，希望引起大家进一步讨论。

沃尔夫冈·多伊普勒
小　传

　　1939 年我作为独子出生于柏林。1943
年二战期间母亲带着我移居到南德的一个小
镇比伯巴赫，从 1945 到 1949 年我在那里读
了小学。

　　1949 年我和父母一起来到斯图加特，
我在那里读了教授拉丁文的文理中学，后来
我又自学了俄文，它使我有可能认识一个完
全不同的世界。

　　1958 年我高中毕业，之后在图宾根大
学学习法律，大学期间我还分别在汉堡大学
学习了一个学期、在柏林自由大学学习了两

个学期。1962 年我完成了第一次国家考试，在 180 名考生中我成绩位列第一，之后进行见习。见习期间我在法国第戎学习了 8 个月，1965 年在布鲁塞尔的欧共体实习了 6 个月。1965 年我以一篇关于公司法的论文获得博士学位。

1966 年我在 280 名考生中以第二名的成绩通过了第二次国家考试，之后我在图宾根大学做助教。那时我积极投身于学生运动，致力于德国教育及社会制度的变革。我那时成为德国公职及交通工会会员并加入了德国社会民主党。1969 年我与格梅林（HertaDäubler-Gmelin）结婚，她 1972 年作为社民党议员进入联邦议会，婚后我们育有两个孩子。

1971 年我被新成立的不莱梅大学聘为劳动和经济法教授。我对当时的劳动法多有抨击，著有《共决作为基本权利》《联邦劳动法院的社会理想》等著作。我那时经常抨击德国的法律服务于德国社会中的权贵，主张法律应更多地保护弱者。这种观点招致很多保守派教授的抵触。但我撰写的《劳动法》教材（两本，分别于1976和1979年出版）却蜚声校内外。

70年代中德国的改革热情衰退。建设一个更加美好的社会仅成为一小部分人的希望。就就业者而言他们关心更多的是如何维持已有的生活水准。只在很少领域人们还能积极改善弱者的现状，如通过设立《反歧视法》。特别是1989/1990年新自由主义大行其道，随之在德国劳动法领域，阵营也发生了变化，即使是保守的学者也开始批评对社会福利的消减，对资本主义制度的批评又开始被社会认知。这种变化的背景是人们担心对共决和解雇保护的削减会损害德国劳资关系的和谐性。

2004年我在不莱梅大学退休。其间我除了担任教职还从事企业职工委员会和企业管理层间冲突的调解人并为企业职工委员会讲授法律知识。我把这些实际经验写入法律评论中，这些评论得到了各级劳动法院的高度重视。1987年起我作为劳方代表任职于不莱梅州立银行监事会，该银行的年业务量为 350 亿欧元。

在国外我被多所学校聘为客座教授：1986～1990 年在巴黎，1994 年在德克萨斯，1995 年在安特卫普，1996 年在波尔多，2006～2007 年在意大利特兰托，2007～2008 年在上海同济大学。自 1988 年以来我几乎每年都会受一家德国基金会的委托有两周到拉美，如巴西、阿根廷、墨西哥和乌拉圭等，为相关国家的工会或劳动部做咨询。1994～1995 年我受德国技术合作公司的委托为吉尔吉斯斯坦劳动部就起草一部新的劳动法提供咨询。1998～2002 年我为斯洛文尼亚就劳动合同法的起草提供咨询。

1994 年我首次来到中国，为劳动部主持一个劳动法院的课程。中国人的好学给我留下了极为深刻的印象。中国人深谙他山之石可以攻玉的道理。学习对中国人来讲不意味着照搬，而是从别人的经验教训中汲取养料。我不觉得我们欧洲人已经具有了这样的胸怀。中国也有很多我们可以学习的地方：

民主讨论固然重要，但讨论不能没有终结，该动手做时还是要动手。我们的银行家也可以派到中国的银行实习一年半载；我们也可以学习中国人的为人处世：中国人比我们更能设身处地为对方着想，这使得我们外国人在中国的生活很惬意。自 2011 年以来我每年到北京中欧法学院任教 4 周。一位奥地利同事曾对我讲："人生最美好的是在中国任教。"这话有道理。不过一个现实的危险不容忽视：如果人人逐利，这样美好的生活很快会成为泡影。

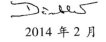

2014 年 2 月

图书在版编目(CIP)数据

德国集体工资谈判制度/(德)多伊普勒著;王建斌,
章晓宇译. —北京:社会科学文献出版社,2014.4
　ISBN 978 - 7 - 5097 - 5660 - 7

　Ⅰ.①德… Ⅱ.①多… ②王… ③章… Ⅲ.①工资 -
谈判 - 研究 - 德国 Ⅳ.①F249.516.4

　中国版本图书馆 CIP 数据核字(2014)第 026924 号

德国集体工资谈判制度

著　者/〔德〕沃尔夫冈·多伊普勒
译　者/王建斌　章晓宇

出 版 人/谢寿光
出 版 者/社会科学文献出版社
地　　址/北京市西城区北三环中路甲29号院3号楼华龙大厦
邮政编码/100029

责任部门/社会政法分社　　　　　　　责任编辑/赵瑞红　关晶焱
　　　　　(010) 59367156　　　　　　责任校对/谢　敏
电子信箱/shekebu@ ssap. cn　　　　 责任印制/岳　阳
项目统筹/刘骁军
经　　销/社会科学文献出版社市场营销中心
　　　　　(010) 59367081　59367089
读者服务/读者服务中心 (010) 59367028

印　　装/北京季蜂印刷有限公司
开　　本/787mm × 1092mm　1/32　印　张/5.875
版　　次/2014 年 4 月第 1 版　　　 字　数/7.8 千字
印　　次/2014 年 4 月第 1 次印刷
书　　号/ISBN 978 - 7 - 5097 - 5660 - 7
著作权合同
登 记 号/图字 01 - 2014 - 1049 号
定　　价/30.00 元